解讀易經的奧祕 卷 六

人生最難得有情。

風靡中國十億人口
知名大師

曾仕強 | 劉君政

教授◎著述

國家圖書館出版品預行編目資料

解讀易經的奧祕. 卷6, 人生最難得有情 /
曾仕強　劉君政 著述.　陳祈廷 編著.
--初版.--臺北市：曾仕強文化, 2016.07
面；　公分
ISBN 978-986-92140-5-6（平裝）
1.易經　2.研究考訂
121.17　　105006315

解讀易經的奧祕・卷6

人生最難得有情

作　　者　曾仕強　劉君政
發 行 人　曾以仁
編　　著　陳祈廷
總 編 輯　陳祈廷
行銷企劃　邱俊清
主　　編　林雅慧
出 版 者　曾仕強文化事業有限公司
發 行 所　曾仕強教授辦公室
地　　址　台北市中正區重慶南路一段57號8樓之14
服務專線　＋886-2-2361-1379　＋886-2-2361-2258
服務傳真　＋886-2-2331-9136
版　　次　2016年7月一刷
I S B N　978-986-92140-5-6
定　　價　新台幣400元

【作者簡介】

曾仕強 教授

英國萊斯特大學管理哲學博士，歷任台灣交通大學教授、興國管理學院首任校長、台灣師範大學教授、人類自救協會創會理事長、新人類文明文教基金會榮譽董事長。

曾教授學貫古今，數十年來醉心於中華文化和西方現代管理哲學之研究，在國學、企管、哲學、教育等諸多領域上，皆有極高深的造詣。三十年前，世界五百強企業尚無中國企業能躋身其間，曾教授便已洞察趨勢，率先提倡「中國式管理」學說，被譽為「中國式管理之父」。迄今，曾教授已巡迴全球，完成逾五千場以上之演講，為臺灣生產力中心調查「最受企業界歡迎的十大講師」之一。

近年來，曾教授應大陸中央電視台邀請，至「百家講壇」節目，主講「經營之神胡雪巖的啟示」、「易經與人生」等主題，收視率勇奪全國之冠；二〇〇九年主講「易經的奧祕」系列；二〇一一～二〇一二年主講「易經的智慧」、「點評三國演義」；二〇一二年主講「道德經的奧祕」、「道德經的玄妙」，內容風靡全中國，不僅掀起一股國學復興浪潮，更被評選為第一名的國學大師。

曾教授著作有：《易經真的很容易》、《易經的乾坤大門》、《人人都不了了之》、《中國式管理》、《道德經的奧祕》……等數十本，其中《易經的奧祕》銷售量已突破五百萬冊，高居台灣與大陸各大書店文史哲類暢銷排行榜總冠軍。

劉君政 教授

美國杜魯門州立大學教育行政碩士，台灣師範大學教育學士。

歷任台灣師範大學、彰化師範大學、高雄師範大學教授，胡雪巖教育基金會理事。

前言——代序

依漢朝司馬遷在《史記》中所記載伏羲氏畫八卦、周文王重卦的時間推估，分別約於距今六千四百年前和三千四百年前。雖然引發若干爭議，卻也獲得不少學者的引用。一九七二年，美國亞利桑那州在建設高速公路時，挖掘出許多零碎的陶片。經考古學家証實，是古印地安人的彩缽，上面刻有《易經》的圖形。長久以來，考古學家對愛斯基摩人、印地安人、蒙古人的高度相似非常感興趣。認為在七千多年前，冰河期結束之後，白令海峽曾經出現過陸地。中華民族便由亞洲中土，跨越白令海峽，而到達美洲。美國和中南美洲都有印地安人，即為中國上古半坡氏族的移民。如此一來，便打破了司馬遷的推論，將《易經》的起源，推早到距今七千多年前。而八卦和六十四卦則是同時出現，並非到了周文王時才有重卦。

但不論如何，《易經》六十四卦是定數，並沒有人提出異議。而且〈序卦傳〉說明《易經》分為上、下兩篇，上篇自乾坤到坎離，下篇自咸恆到既濟、未濟，迄今也沒有變動。咸卦要義，在男女感情融洽，彼此感動，由戀愛而結婚；恆卦主旨，則在婚後成為夫婦，必須愛情有恆，以期白首偕老。乾坤為萬物的父母，是宇宙生生不息的根本；咸恆是人道的開始，也是男女結合、為人父母的奠基。關鍵在於彼此具有深厚的感情，先由男感女悅發生交流作用，再以正常的情感永恆地持續發展，然後以此情引發他情，做出多面向的貫通。各種感情交互錯綜，相依相結，構成夫婦、父子、兄弟、朋友、君臣等倫理關係。並推而廣之，逐漸擴展為對先人之情、古人之情、萬物之情、歷史文化之情。

欲望和感情，原本就是人類與生俱來的稟性。生存欲望、異性欲望、權力欲望和合群欲望，產生各種感情。其中的異性欲望，不但求愛，而且貪愛。愛一個不夠，還要多愛幾個。自己多愛幾個沒有關係，別人卻不可以如此。

感情是大家所愛，卻由於具有偏道的傾向，很容易走向極端，也就是絕對的情感，而為大家所惡。現代人把感情稱為「愛心」，認為自己的所作所為，全都出於愛心。然而，若是別人做出相同表現，則是不可否認的做秀。男人有婚外情，會推說自己只是犯了「天底下男人都會犯的錯」；女人有婚外情，卻總是成為萬惡不赦的離婚要件。很多人把這種差別待遇，歸咎於男女不平等。然而只要深入思慮，就不難明白，原來是偏道的感情所致。因為女人的醋勁，並不比男人小。中國人常說「最毒婦人心」，大多表現在情死與情殺的具體行動上，遠比「無毒不丈夫」還要來得慘烈。

《易經》的主張是「人生難得有情」，而這個「情」，必須發揮在中道上。幾次出現「貞」字，後來稱為「貞操」，便是合理的可貴操守。唯有男女雙方都堅守貞操，愛情才會走上中道，而且持之有恆。咸卦（䷞）的意思，即為男女交感，倡導彼此的感情，都應該立足於貞正的道理，所以卦辭明白指出「亨，利貞」，說明男女的異性感情，可以亨通地交流。但是雙方堅持合理的貞操，對男女都十分有利。

現代人積非成是，看到這樣的主張，大多視之為不合時宜、老掉牙的觀念。實際上，人類的婚姻危機重重，已經衍生出很多難以解決的問題。冷靜想想，咸、恆兩卦為何會被列為人道之首，必然有其意義與啟示。

「婚姻是愛情的墳墓」，這句話成為現代人只談戀愛、不結婚的藉口，其實這是一種不負責任的表現。若是再加上只結婚、不生育子女的「頂客族」理論，相信人類在不久的將來，就要走上自我滅絕的道路了！

《易經》以自然的山澤二氣通而相應，推論出男女交感的正當道理。並且擴大到「聖人感化人心，而促使天下和睦平安」，其主因是出於情的合理化，能將「絕對」或「偏道」，轉化為「相對」或「中道」。唯有深入體會易理，用以指導自己的感情，人類的婚姻才能正常化，家庭才能產生正當的功用。使我們安居樂業、生育子女，發揮「家和萬事興」的真正功能。

情是可貴的，但是偏道或絕對的情，又常常使人對情喪失了信心。殊不知對情失去信心，便是對人沒有信心。人而無情，又有什麼資格稱為人？我們最好提高警覺，因為自己也是人，倘若對人失去信心，便是對自己失去信心。現代人重視自信，卻不敢信人，豈不可笑？追本溯源，應該是「謙德」出了問題，使「謙虛」和「自信」，嚴重地失去了應有的平衡。

為了以理智指導感情，使可貴的情走上中道，我們必須重視謙卦（䷎），因為它是《易經》的核心。《易經》六十四卦當中，只有謙卦六爻皆吉、一路吉順，至為難能可貴。常言道「物極必反」，然而謙道卻是罕有的例外。有人說：「過分的謙虛是種虛偽」，其實這就是不明白謙道的真諦，若能早點將《易經》的道理搞清楚，就不會再犯這樣的錯誤。謙德的主旨即在「不虛偽」，而謙卦的用意，在於解說「謙恭、和平、禮讓」的道理。現代人重視競爭，經常會輕忽謙德，殊不知在團體之中，若是一味講求競爭，勢必人人爭強好勝，怎麼和睦相處？同事之間，人人都想踩在別人頭上，笑裡藏刀，又如何同心協力？

我們常說「謙謙君子」，很少人知道「謙謙」是兩重「謙」：一是「艮謙」，一為「坤謙」。實踐「艮謙」比較容易，所以大多數人，一輩子以「艮謙」自限，認為已經受盡委屈、謙得不能再謙。然而若是有了這樣的想法，便將永遠無法領悟到「坤謙」的境界，是何等的和順自然，謙到連謙都忘記了，可以說是謙的至高境界。

孔子是具有「溫良恭儉讓」美德的聖人，他所說的：「唯女子與小人為難養也，近之則不遜，遠之則怨。」一直被曲解為對女子具有偏見。其實後半句所列舉「近之則不遜，遠之則怨」的限制條件，如果發生在任何人身上，都是屬於「難養」的族群。女子如此，男子中的小人也不例外。因為這種人不知恭敬禮讓，欠缺謙德的修養，任誰都不會喜歡與之親近交往。

人人重視謙德，社會才能和諧；自己修養謙德，內心自然喜樂。謙卦之後出現豫卦（䷏），正是「謙然後能豫」的表示。豫卦和謙卦，彼此相綜。把豫卦按照初六、六二、六三、九四、六五、上六的次序，上下顛倒，就會成為初六、六二、九三、六四、六五、上六的謙卦（䷎），可見謙和豫的關係十分密切。只是謙重內修，自己比較容易控制，所以爻辭皆吉；豫則容易外顯，會有意無意地傷害別人的感情，因此爻辭多有警語。謙卦（䷎）、豫卦（䷏）、咸卦（䷞）、恆卦（䷟），初六和上六都是陰爻，把陽爻包在陰爻裡面，稱為「陰包陽」。由於陰向內縮，而陽向外伸，兩者易於交感，大多和情有關。六十四卦之中，「陰包陽」的卦，一共有十五個，我們已經研討過師卦（䷆）、比卦（䷇）、坎卦（䷜），而本卷即將研討咸卦（䷞）、恆卦（䷟）、豫卦（䷏）、謙卦（䷎）。其餘升卦（䷭）、解卦（䷧）、小過卦（䷽）、蹇卦（䷦）、萃卦（䷬）、困卦（䷮）、井卦（䷯）、大過卦（䷛），則留待日後再逐一說明。

謙卦（䷎）的錯卦是履卦（䷉），換句話說，把謙卦六爻中的每一爻，都陰陽交換，陰變陽、陽變陰，便會成為履卦。履卦的錯卦，也就是謙卦。我們認為咸卦、恆卦、謙卦、豫卦，實際上都應該親自履行，真正實踐在自己的日常生活當中，因此我們把履卦（䷉）也一併加入研討，務求加強實踐的意識，使大家樂於實踐易理，而獲得內心的悅樂。

本書一至六卷，由乾坤大門進入，來到人間的至情，重在咸、恆和謙、豫。最後以履卦做為階段性的結尾，無非是對言行一致、知行合一，抱持著高度的期望。建議大家能把一到六卷重複閱讀幾遍，多加用心領悟，並將想法書寫在空白之處，以便日後再做深入的思慮。「閱讀、悅讀」，若能以輕鬆愉快的心情學習《易經》，相信效果一定會更好。尚祈各界先進朋友不吝賜教為幸。

曾仕強
劉君政
謹識於台灣師範大學

編者序

人類社會追求物質享受，講求快意人生，強調個人意志的自由抒發，鼓勵盡己所能地達成理想目標——這正是《易經》「兑卦」的意象，流動著愉悅、和樂、舒暢的美好氛圍。

「兑」字加上「心」旁，就成為「悅」，兩情相悅之際，情感和欲望恣意漫遊，春光無限好。「兑」字加上「肉」部，就成為「脫」，可說是這個時代重色相肉身的鮮明寫照。「兑」字加上「言」旁，即成為「說」，對應了現代人勇於表達情感，經常以言語互相取悅，然而卻每每流於空談，口惠而實不至。戀人之間，即使說了再多甜言蜜語、海誓山盟，也不一定能夠真心實踐，全然依託。「兑」字加上「金」旁，就變為「銳」，言語機鋒往往失之銳利，而情感的消逝，也如同利刃刀鋒般，傷害了別人也傷害了自己。道家把情欲的開口稱為「兑」，所以老子說：「塞其兑，閉其門，挫其銳，解其紛，和其光，同其塵」，教導我們謹言慎行、低調沉潛、鋒芒內斂的重要性。因為「兑」，最容易引起口舌之爭。

《易經》以自然的山澤二氣通而相應，推論出男女交感的正當道理，並且擴大到聖人感化人心，促使天下和睦平安，其主因正是出自於「情的合理化」，能將「絕對」或「偏道」，轉化為「相對」或「中道」。唯有深入體會易理，用以指導自己的感情，人類的婚姻才能回歸正常化，家庭才能產生正當的功用，使我們得以安居樂業、生兒育女，發揮「家和萬事興」的真正功能。

本書中，曾教授以其獨到見解，將下經的「咸、恆」兩卦，與上經的「謙、豫、履」三卦綜而論之，轉化成現代人的生活智慧，實為一大創舉，讓《易經》不再只是一門高深的學問，而是能夠實實在在地，應用於你我的日常生活當中。口惠而實至，令人讚歎不已！編者有幸參與，誠惶誠恐，期能為往聖繼絕學。

曾仕強文化總編輯　陳祈廷

目錄

《第一章》

易經和人情
有何關係？

《易經》的憂患意識，出乎人性的真情，
不但關懷人類，而且對宇宙充滿了感情。

人情是生活中最溫暖的太陽，
代表美好的心，我們特別稱之為「道心」。

正道是出於真誠的至情所選擇的途徑，
《易經》倡導既中且正，鼓勵大家務必走向正道。

以人為本，必須情理並重，以求合情合理，
用理智指導人情，務期情不害理，各得其安。

情是中華民族最寶貴的文化遺產，
可惜自秦漢以後，便逐漸喪失原有精神。

尤其現代人受到西方過分重視理性的影響，
更凸顯「人心惟危，道心惟微」的困惑，令人擔憂！

一・情是美好的心即為道心

「情」的意思，通常指我們承受外來刺激所產生的心理變化。我們常以「七情六欲」來形容人的情緒和欲望。情緒有愉快的，也有不愉快的，都是一種心理狀態。欲望則是希望獲得滿足的心理。人的基本欲望，就是先衣食而後男女，有男女而後富貴——先希望有衣穿、有飯吃，生命得以維持。接著才談論男婚女嫁、組織家庭、生兒育女，以期命脈不絕，生命獲得延續。這些欲望，我們說是「人之常情」，表示人人如此，好像是與生俱來的天性。

從字形上看，「情」從「心」旁，表示和人的心理具有密切關係。「情」的讀音，則從「青」來，含有「美好」的意思，顯示「情是美好的心」。

我們所認識的「心」，並不完全指肉體的心。肉體的心是「心臟」，是啟動全身血液循環的器官，是五臟六腑的一部分。我們所說的「心」，實際上是人與人之間，一種無形的互動：哀樂相關，痛癢相切，心心相應，特別把它稱為「道心」，和一般人所說的「人心」，有很大的不同。

《書經・大禹謨》有四句古話：「人心惟危，道心惟微。惟精惟一，允執厥中。」告訴我們：人心是觸發「喜怒哀樂愛惡欲」七情的生理心，總稱為「人欲」。當人欲過分發展時，就會變成恣情縱欲，造成敗德亂紀的現象，實在非常危險。「道心」指主宰理性的心，表現為仁義理智。當生理心愈強大時，理性心就會愈弱小，所以說「道心惟微」。必須「惟精惟一」，精察人心的惟危，堅持以道心為惟一正道，才能把握恰到好處的合理點。

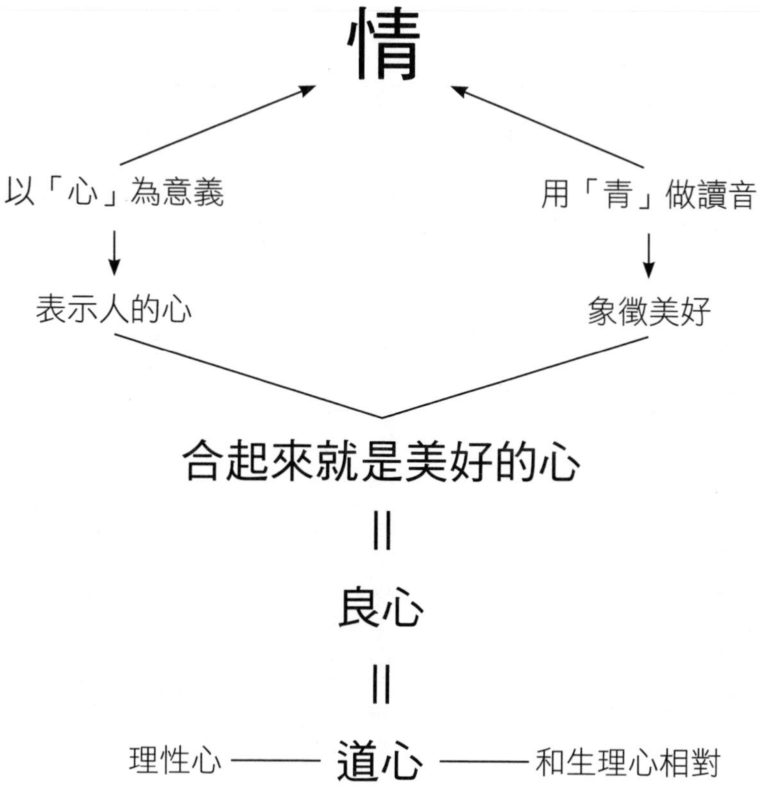
情
以「心」為意義
用「青」做讀音
表示人的心
象徵美好
合起來就是美好的心
良心
理性心
道心
和生理心相對

二・易經充滿深切關注的情

〈繫辭・下傳〉說：「天地之大德曰生」，明白指出天地最了不起的德性，便是化生萬物。告訴我們：宇宙是有生命的，地球是活的，世界充滿了生機活力。這種感覺，來自於對自然的深切關注，充滿了純真的至情。

西方思想以理性為主，主張用科學的態度來征服自然。不像我們對自然採取欣賞的態度，對天地抱持無限的感謝和崇敬。〈繫辭・上傳〉指出：「生生之謂易」，生生不息，充滿了生機洋溢的氣息。生生不息，帶來了無比的歡樂和希望。生生不息，象徵《易經》宇宙人生的一片真情。

《易經》是一本研究變化的書，代表一門掌握變化的學問。它所說的「變化」（變易），絕大多數以「生生」為目標，透過陰陽往復交易而產生作用，目的都是為了「生生」。

乾卦彖傳所說的：「大哉乾元」，象徵生化萬物的開始；而「大明終始」，刻意把「始終」顛倒過來，便是表示「終而復始」，才是生生不息的真情期待。但是變化的原則，在於「各正性命」，意思是在變化的過程中，難免有失正，也就是不得其正的地方，最好各自把失正的部分，自行端正過來。由於各正性命，生生不息才有價值，也才能顯示這是天地的大德。倘若不得其正，怎麼能算是偉大的德性呢？

「正道」就是出乎真誠的至情所選擇的合理途徑。萬事萬物，都依循正道，表現出真情。世界美好，人類幸福，在這種情況下，生生不息的精神，便具有崇高的價值。人類的美好心情，配合天地的大德，豈不是最美的情境！

天地之大德曰生

||

天地最了不起的德性，即在化生萬物。

|

宇宙有生命，世界充滿生機活力，地球是活的。

我們對自然的深切關注，出於純真的至情。

|

「大明終始」──把「終」放在「始」的前面。

||

表示終而復始，對生生不息的真情期待。

|

必須各正性命，人人依正道，表現出真情。

三、情是以人為本必要條件

《易經》倡導「人本位」，認為人居天地之中，應該善盡參與天地化育萬物的責任。上天賦予人類高度的創造性，便是「人能勝天」的特殊權力。但是以人為本，必須嚴格遵守自然規律，對萬物的化育，只能「贊」不能「管」，只能「弘道」不能「改道」，只能「助長」不可「揠苗」。上天對人的侷限性，說起來便是一個「正」字，把它解釋為「貞於一」，合乎「止於一」的字形結構。

〈繫辭．下傳〉說：「天下之動，貞夫一者也。」意思是：天地之間，萬事萬物的所有活動，都應該堅守合理的貞操，做到精誠專一的地步，那就是純真的感情。

人而無情，就會毫無忌憚地改造自然、破壞環境、征服世界。倘若深切關注宇宙自然，便會警覺自己是一個小太極，而宇宙是一個大太極。我的生命來自父母，父母的生命來自祖父母，一層一層往上推，彼此血脈相承，即使不曾共同生活，關係卻十分密切。於是不但對生的人有情，對死去的人，也會產生濃厚的感情。不但對看得見的有情，對看不見的，也同樣有情。

宇宙對我們來說，是一個大的有機體。有時太陽比較光亮，有時則是月亮比較光亮。風水輪流轉，有時是東方佔優勢，有時卻是西方佔優勢。彼此關懷，互相包容，需要出於誠意的真情。所以人為萬物之靈，想要善盡參贊天地化育萬物的責任，必須以真情做為先決條件。「貞夫一者」也的「一」，其實就是純正的情，也就是我們常說的「憑良心」。人類能憑良心去深切關注宇宙萬物，自然能和諧共存而生生不息。

以人為本

創造性

可以人定勝天

:

只能「贊」

只能「弘道」

只能「助長」

侷限性

必須順乎自然

:

不能「管」

不能「改道」

不能「揠苗」

天下之動，貞夫「一」者也

↓

只有一條正道

↓

至誠至情

四・憂患意識來自純真至情

〈繫辭・下傳〉說：「作易者，其有憂患乎？」創作《易經》的人，心中應該懷有十分濃厚的憂患意識吧！「憂」的意思，是擔心、煩惱；「患」的意思，則是擔憂。「憂患意識」指的是在安樂的情境下，能夠想到可能發生的困苦或危難，並且進一步設法加以預先防止。這種純正的真情，便是我們常說的「患難見真情」。提前到患難發生之前，便予以深切關注。

「憂」什麼呢？「君子憂道不憂貧」。人天生有七情六欲，不可能不犯錯。我們所要求的，並不是不犯過失，不出差錯，而是真實無妄地面對過錯，真心悔改，記取慘痛的教訓，轉化成為正面的智慧，做為今後自我成長的借鏡。《易經》六十四卦的卦爻辭、彖(ㄊㄨㄢˋ)傳和象傳，最大的作用即在於此。周文王擔任西伯時，對於商紂王的殘暴暗自嘆息，被紂王的親信崇侯虎告發，於是紂王把西伯囚禁於羑(ㄧㄡˇ)里，長達七年之久。文王並沒有因此怨天尤人，心存報復，反而擔憂自己多年來實施王道的寶貴經驗，不能傳給後人。因此為《易經》六十四卦，分別作卦辭、定爻辭，而尚未完成的部分，則在被釋放以後，繼續和周公共同完成。主要目的，是為了日後可能發生的困苦或危難，預先提出一些警惕和建議，以期幫助後人趨吉避凶。因此，當我們遇到任何困惑或苦難時，也可以研讀六十四卦中，和自己遭遇情況相對應的那一卦。從卦爻辭的提示裡，領悟參透出其中的道理，必然會對改善困境有所助益。周文王的憂患意識，使他的至情，能夠發散在卦爻辭中，深深地感動著後代子孫。我們最好秉持這種精神，發揮深切關注的真情，使易理有所大用。

憂患意識

憂什麼？

憂道不憂貧。

防患什麼？

防止可能發生的困苦和危難。

《易經》的卦辭、爻辭

↓

充滿了周文王的憂患意識，

深深地感動後代子孫。

五。情是中華文化精神命脈

西方思想的源頭在希臘。蘇格拉底（Socrates, 470-399BC）和柏拉圖（Plato, 420-348BC），都以理性為主，認為人是理性的動物。近代西方哲學對理性更加發揚，影響所及，西方人普遍缺乏人情味，凡事依法辦理。人與人之間，禮貌重於感情，根本談不上真誠與關懷。

中華民族深受《易經》的影響，尤其是儒家，更是重視生命的情調、做人做事的情操，以及對宇宙萬物的真情。但是，我們最好不要忘記，自秦漢以後，儒家人情至上的思想已經失傳。宋明理學逐漸離開情而偏向理，使得情理混淆不清，這才不幸造成很多偽君子、假道學。民間經由唐詩、宋詞的薰陶，對於情的發揚光大，仍然保留很多的情分。由於所學和所想，產生愈來愈大的距離，以致言行不一——嘴巴上說的是理，而心中想的卻大多是情。純真的情感大受扭曲，使我們在許多方面，產生了不必要的痛苦和不安。

旅居海外的華僑，常有落葉歸根、返回故鄉的念頭。這種故土之情，令人十分感動。然而，卻經常拿西方的觀點，來批評我們的人情世故，認為是阻礙進步、延宕現代化的絆腳石。矛盾的心理，不合宜的評論，才造成今日人情莫衷一是、不知如何是好的窘困。

情是中華文化最可貴的遺產，也是中華文化的精神命脈所在。人而無情，何以為人？可惜現代受到西方的影響，我們只有家人親情和公務關係。至於祖先之情、歷史文化之情、宇宙自然之情，甚至是人與人之間的真情，已經愈來愈淡薄。難怪大家的生活情趣，也隨著愈來愈苦悶。

陰包陽的卦

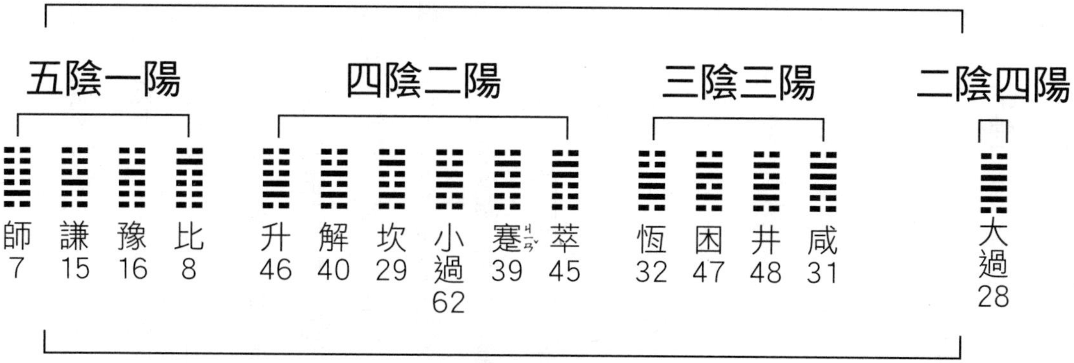

和「人情」的關係十分密切。

六・情是人類精神病的良藥

西方人從希臘的認知理性，逐漸演變成現代資本主義社會的工具理性。凡事講制度，一切求量化，以效益來衡量。完全拿外在的價值，取代人類生命自身的德行。西方人習慣向外看，又只相信看得見的事物，因此很不容易內省、內觀，也就是向內看。不相信世間除了看得見的事物之外，還有看不見的東西，甚至於宗教信仰，也力求科學化。這種唯科學主義是從的態度，造成所有知識，都是用來增加爭奪的能力，還美其名為「知識經濟」。迫使人類不得不「一切向錢看，笑貧不笑娼」。大家只重視肉體的享樂，卻無能關照自己的內心。人生在世，誰能無憂？誰能不鬱？現代醫學，開設憂鬱症門診，果然門庭若市。真正的生理病患，其實並不多，大多數是精神方面的問題，卻求助無門。人類需要自救，以求及早從西方物質文明的陷阱中掙脫；必須返本歸元，先安自己的心，安自己的情。我們常說：二十一世紀人類最要緊的，是「用易理救自己」，便是在重視良知、良能的現代世界，趕緊把良心找回來。

人情是良心的具體表現，也是憂患意識的落實成果。以良心為基礎，所有良知、良能，才能有真正的效用，才能確實用來造福人群社會，而不是逼迫人類自我毀滅！

武器愈來愈厲害，瘋子愈來愈多！哪一天，不幸瘋子動用了武器，人類該如何應付？都市人口愈集結愈多，精神病患者也愈來愈靠近大眾，人類的安寧，誰能保障？人情世故只要求其合理，非但不可怕，而且還可以拯救現代人類。

現代人類致病因素

生物性因素

佔 1/3

：

各種病原

微生物

遺傳因素

非生物性因素

佔 2/3

：

自然生態

社會環境

生活方式

醫療保健制度

文化觀念

不少西方人士，向東方哲理求寶

↓

回歸自然，返樸歸真

人情是治療精神病的良藥

我們的建議

1 六十四卦當中，初爻和上爻都是陰爻，而二爻到五爻，這四爻有一爻或數爻為陽的，稱為「陰包陽」的卦。以陰柔包裹陽剛，顯然比較柔性，而且具有人情的溫暖。

2 六十四卦當中，陰包陽的卦，一共有十五個，分別為師卦（䷆）、謙卦（䷎）、豫卦（䷏）、比卦（䷇）、升卦（䷭）、解卦（䷧）、坎卦（䷜）、小過卦（䷽）、蹇（ㄐㄧㄢˇ）卦（䷦）、萃卦（䷬）、大過卦（䷛）、井卦（䷯）、困卦（䷮）。

3 當然，最重要的，莫過於咸卦（䷞）和恆卦（䷟）。先由男女之間的感情著手，探討「發乎情止乎禮」的合理點，以便推而廣之，使整個社會，得以情理並重，而可大可久。人情必須接受理智的指導，務期情不害理，各得其安。

4 我們應該重視理性，以理性來指導感情。因為人生最重要的是生活，生活最要緊的是人情，而人情最需要的是合理。合理的人情，能帶來安寧的人生。

5 父母子女的感情，是人間的至情。也唯有如此，孝敬父母才能成為天經地義的表現。然而父母的關係，必先經由夫婦而建立，所以夫婦關係對人類的生存發展至關重要。

6 夫婦關係從哪裡來？由男女戀愛，進而結婚組成家庭，才有夫婦的關係。《易經》上經以乾坤為首，下經由咸恆開始，表示男女有情，和天地交感同樣重要。

《第二章》

咸卦六爻
有什麼啟示？

咸卦以人身取象，下卦三爻為下半身，
男性感覺比較衝動，務須自我約束、謹慎小心。

下卦為艮ㄍㄣˋ，男性要感情專一不變，
而且以靜為原則，採取合理的主動。

上卦為兌ㄉㄨㄟˋ，由內心的喜悅來主導感情發展，
不得已時才動口，基本原則必須是真心誠意。

上卦重心，下卦重形，
最好以形隨心，不宜以心隨形。

用理智指導感情，少女不應盲目，
咸卦無心，應可解作「無利害的心」。

由物質層面，提升到精神層面，
這樣的感情，才能同心協力，而心心相印。

一。初六交感之始吉凶未卜

「咸」的意思，除了能將字形結構，拆解成「無心之感」（「感」去掉底下的心，即為「咸」）外，至少還有「和諧」、「充滿」和「減損」的意思。人類的生生不息，全賴男女好合。咸卦（䷞）的卦體，為艮下兌上。「兌」為陰卦，代表「少女」；「艮」為陽卦，代表「少男」。陰氣向下，陽氣上升，自然產生感應。卦辭說：「咸，亨，利貞，取女吉。」「亨」即「通」，男女兩情相悅，有感有應，自然亨通。但是必須正常，才能獲得良好結果。絕不能將無心之感，看成事出偶然，舉止輕狂，甚至一時興起，便鬧出「一夜情」的不正當行為。「利貞」是有條件的「利」，也就是含有正當合理才利，否則不利的意思。並非有交感、能亨通即利。「取」和「娶」相通，「取女」便是「娶女」。男女嫁娶，應該是正大光明的結合，這才合乎正道，而能吉祥。

初六爻辭：「咸其拇。」腳的大拇趾，位於人體末端，用來譬喻少男對少女產生好感，腳的大拇趾開始有動的感覺，想要有所行動。小象說：「咸其拇，志在外也。」「外」指外卦的兌，也就是少女。艮為內卦，初六與九四都不當位，所以結果如何，尚未可知。初六爻辭，並沒有吉凶悔吝的字眼，原因在於初六柔靜，也就是少男只有輕微的動作。雖然吉凶悔吝生於動，但這時候還沒有什麼較大的動作，尚無吉凶可言。換句話說，少男心有所動的時候，最好保持「腳趾能動而不能行」的原則，循序漸進，不宜衝動、魯莽、出怪招、採取劇烈行動，以免嚇壞了少女，反而不妙。

咸

31  初六，咸其拇。

咸卦以人身取象，初六居全卦下位，要小心腳趾頭一動，人就要開始有所行動了。提醒少男不宜衝動，只看到少女美貌、青春、可愛，便蠢蠢欲動。最好自我約束，告訴自己外表並不持久，很快就會消失，不如觀察對方的內涵如何，再做進一步的表示，以免弄假成真，對雙方都造成傷害。由於僅止於少男的心動，尚未採取行動，所以並無吉凶可言。

發現心儀的對象，必須再進一步觀察為宜。

二。六二動盪不安最好安分

咸卦（䷞）彖辭說：「咸，感也。柔上而剛下，二氣感應以相與，止而說，男下女，是以亨，利貞，取女吉也。天地感而萬物化生，聖人感人心而天下和平。觀其所感，而天地萬物之情可見矣。」「兌」為少女，陰柔居於上卦，所以說「柔上」；「艮」為少男，陽剛居於下卦，當然是剛下。「二氣」指艮的陽氣上升，兌的陰氣下降，產生感應。「相與」是相親的意思。「止而說」，表示下艮為止，而上兌為悅。「男下女」，象徵下艮的少男要向上兌的少女以禮相求，不可高高在上，才能亨通。倘若上下兩卦顛倒，變成兌下艮上，那就成為損卦（䷨），不可能這麼亨通。「止」有誠懇、堅定、篤實的性質。如此感應，少女感受到深情，才會喜悅。「利貞」特別指出「發乎情止乎禮」的正當婚姻，才能夠真正的「取女吉」。大自然的天地感以化生萬物，人事現象同樣是以赤子之心相感應，才能夠和諧相處。萬物之情可以治世，人情更為珍貴。

六二爻辭：「咸其腓，凶；居吉。」「腓」是小腿的脛肉，舉步時脛肉先動，有動盪的象徵，所以凶。六二以柔爻居陰位，又居下艮的中爻，既中且正，為什麼凶呢？因為六二和九五是正應，很容易引起少男的誤會，以為少女已經動了情，而有急躁的舉動，這才特別引以為戒。「居」是不動的意思，站在不動的立場來動，才不致亂動，那就吉了！小象說：「雖凶居吉，順不害也。」雖然有凶險，但只要保持「發乎情止乎禮」的原則，便能依禮相求，得到九五的正應。順乎情理，而不致傷害彼此的感情，所以說「順不害」也。

咸 ䷞
31

六二，咸其腓ㄈㄟˊ，凶；居吉。

「腓ㄈㄟˊ」指小腿的脛肉。六二經過一番觀察，便要採取行動。然而，此時卻出現了「凶」的警語，意指若是少男的動作太快，很容易會出差錯，不如稍安勿躁，再仔細觀察、多方瞭解，以保吉順。感情的發展，最怕太過迅速，好像一陣狂風，來得快去得也快，當然是凶！六二居中當位，又與九五相應，不應該過分拘謹而毫無表示。只要是發乎情而止乎禮，做出適當合理的表示，便能夠趨吉避凶。

在安分中做出合理的表示，觀察對方如何反應。

三・九三採取主動應求合理

咸卦（䷞）大象說：「山上有澤，咸；君子以虛受人。」咸卦下艮上兌，兌為澤、艮為山，是「山上有澤」的形象。山上的澤水，向下流動，滋潤山土。澤在山上，山土逐漸受到滋潤而有所感應，才是咸卦的真義。君子體會到忠告者的好意而虛心接納，並且要心懷感謝。

人與人之間，倘若格格不入，感情當然不能融洽，相處難以和諧。必須虛懷若谷，互相接受規勸和協助。形成共識，有如「山上有澤」，彼此良性感應，充滿合理的人情。

九三爻辭：「咸其股，執其隨，往吝。」「股」指大腿，隨著小腿的脛肉而動，合適嗎？《易經》六十四卦當中，以人的身體取象的，有咸卦（䷞）、艮卦（䷳），和節卦（䷻）。咸卦主動尚變，所以爻辭多凶、悔、吝；艮卦主止尚靜，所以卦辭多悔亡、无咎。我們常說「一動不如一靜」，並不是主張不動，而是提醒大家：動的時候，必須特別謹慎，格外小心。咸卦的下艮，象徵人的下半身。初六、六二都有欲動的徵兆，如果九三還不能自守，盲目隨初六、六二而動，必然會有過失，所以說「往吝」。九三陽居正位，既剛健又與上六的陰柔相應，很容易向上而動。但是咸卦的下艮，以靜止為宜。何況九三並非自動而上，都是執於六二，等於隨著六二而動，有違陽剛的原則，不免往吝。小象說：「咸其股，亦不處也；志在隨人，所執下也。」「處」即靜止。小腿一動，大腿就靜不下來。六二居下艮的人位，九三隨六二而動，顯然「所執下也」，感情快速發展，合乎人性。但是男方過分主動，並不適宜。

咸 ䷞ 31

九三，咸其股，執其隨，往吝。

九三是大腿。倘若六二脛肉一動，九三便跟著行動起來，那就是以心隨形，過分主動，反而會嚇壞對方，對感情的發展相當不利，所以說「往吝」。《易經》的主旨，是「形隨心」而不能「心隨形」——用理智指導感情，卻不能讓感情沖昏了頭，淹沒了理智。因此九三和上六相應，觀察對方如何回應，才決定自己要主動到什麼地步。只要合理，便能无咎。

依據對方的回應而合理主動，不宜強求。

四、九四堅持貞正可獲吉祥

咸卦（䷞）的九四、九五、上六，象徵人的上半身。九四爻辭說：「貞吉，悔亡，憧憧往來，朋從爾思。」「憧憧」是心神不定的樣子。九四居上兌的初位，與下卦相交接，象徵少女的感情初動，心神難以穩定。「朋」指初六，「爾」即九四。初六有意，九四是否有情？是男女交往的先決條件。咸卦九四與初六相應，只要堅持正當合理的貞操，自然吉順，而無所悔恨。小象說：「貞吉，悔亡，未感害也；憧憧往來，未光大也。」「感害」即有害於感。九四能夠「貞吉，悔亡」，主要是少女心中有正確的貞操觀念，不隨便接受少男的追求。依據咸卦女上男下的原則，莊重而不驕傲，尊敬而不放縱，不傷害正常的感情，也不以不正當的手段來騙取感情。心神不定地往來徘徊，便是不完全拒人於千里之外，也不輕易接受少男的情意。能夠堅持「貞正」，才可保「悔亡」。

初六「拇」、六二「腓」、九三「股」，也可以看成少男和少女合體下半身的圖案。如果是生理上的交感，缺乏心理上的指導，實在十分危險。六二的「凶」、九三的「往吝」，都是高度的警戒。九四的「思」，雖然沒有明白指出少女的心，卻已經用心神不定，來表現出無形的心。由於「咸」字無「心」，提醒大家不要居心不良，懷著壞心眼來玩弄感情，所以爻辭不用「心」字。

正常的感情，最好是「形隨心」，用理智來指導行動，不應該「心隨形」，由行動來控制理智。《易經》主張「形隨心」，一切行動都應該聽從正心的指揮，才能正當合理。所以九三最好向上以形隨心，不應該向下隨六二而動，以免往吝。

咸 31 ䷞

九四，貞吉，悔亡，憧ㄔㄨㄥ憧ㄔㄨㄥ往來，朋從爾思。

咸卦上兌ㄉㄨㄟˋ，象徵少女的感情以心為主，只能回應，不宜採取主動。九四和初六相應，對於初六的蠢蠢欲動，當然有所感應。首先要保持貞正的操守，表現出不濫交、不放縱的態度。只能用心神不定，表示不完全拒絕，也不輕易接受，讓初六好好想一想，下一步該怎麼走？少女用心，用的不是專就物質層面來衡量的利害心，而是應該要能真心誠意，以愛情專一為重。九四不言「心」，主要在求心的表現。

一切行動，聽從正心的指揮才合理。

五、九五居中得正可以无悔

咸卦（䷞）九五爻辭：「咸其脢，无悔。」「脢」是背部的肉，位置正好在心的後面，象徵反應遲鈍，並不敏感。九五陽剛居陽位，又居上卦的中爻，不但居中得正，又與六二相應。可惜交感時反應遲鈍，好像感應在背肉一樣。原本吉祥順利，現在只能夠「无悔」。所以小象說：「咸其脢，志末也。」從正面的心來感應，才是一片真心；繞到背後去感應，固然是無心之感，卻顯得用意淺薄。「志末」即「志在微末」，由於用意淺薄，以致感情也不夠深厚，只能「无悔」了。

下艮上兌，上兌為少女，不方便以行動表示，以免被少男視為輕佻，反而喪失好感。最好保持真心誠意，站在無心的立場來發展有心。真正掌握無心之感，主要在於不能有利害的用心，符合咸卦「亨，利貞，取女吉」的要求。

下艮為少男，容易衝動，難免見異思遷，愛情不專一。用靜止的卦象，來提出警訊：應該合理地動，而不是完全不動。因為少男不動，少女不方便動，哪裡會有交感？少男亂動，少女也亂動，喜歡來電，不惜亂搞一夜情，勢必造成婚姻方面的紛亂。不僅離婚率節節升高，婚外情也屢見不鮮。因利害關係而結合，又因為利害關係而離異。若是有心，當然十分可惡；倘若無心，豈不是開自己的玩笑？咸卦的無心之感，實在是用心良苦。包含了有心的一面，以及無心的必要。主要在用什麼心？便是我們所說的：「站在無心的立場，來展現出真心誠意。」這一方面，最好是由少女主導。所以女子教育，從小就應該特別注重「愛情教育」這個部分。

咸 31

九五，咸其脢ㄇㄟˊ，无悔。

九五與六二相應，兩者都居中得正。表示少男、少女已有心心相印的默契。所以此時少女用背肉來回應，不是冷漠，而是稍有遲鈍，目的在於測試少男的真心。倘若反應欠佳，應該合理懷疑對方的真誠。然而，就算少男會錯意也用不著擔心，因為後面還有上六可以挽回，所以无悔。

最後的測試，仍屬必要，不宜粗心大意。

六、上六缺乏誠意有口無心

咸卦（䷞）上六爻辭：「咸其輔頰舌。」小象說：「咸其輔頰舌，滕口說也。」咸卦以人身為譬喻，指出人有三種主要的感受——初六「咸其拇」；六二「咸其腓」；九三「咸其股」，都是人體下半身的感覺，比較偏重於物質層面。九四「憧憧往來，朋從爾思」；九五「咸其脢」，指心的反應，有靈敏的也有遲鈍的；上六則說明頭部的另一種感覺：「輔」在口內，靠近牙齒的膚肉。「頰」在臉的兩旁，而「舌」也在口內。這三者相輔為用，都是言語的必要工具。所以上六的感受，主要從「言語」而來。「滕」的意思是施展，施展什麼呢？「滕口說」，便是施展口才。咸卦上卦為澤，為少女。九四一開始接觸到初六的「咸其拇」，有蠢蠢欲動的姿態，便應該以貞正的態度來回應，顯得莊重矜持。用心神不定，來回應初六的表示。九五與六二的相應，六二的凶或不凶，完全由九五來主導。九五害相思，六二就急進，遲早會有凶險。九五用背肉來感應，看似反應遲鈍，其實是對六二的考驗，也是居吉的保障。遇到真正值得喜歡的人，也就是九三並非隨六二而動，都是向上隨上六而動。採取合理的主動時，可以用適當的言語來加以回應，免得錯失良緣，造成難以挽回的遺憾。但是缺乏誠意的言語，不過是有口無心，不但不能夠感動少男，反而一開口便漏出底細，由於內涵不足而嚇走了少男。倘若是真心誠意，卻惟恐一句話說得不妥當，鬧成僵局，甚至於破壞全局，還有最後一種辨法——把「說」字當做「悅」字解釋，現代稱為「獻吻」——一吻定江山，使咸卦獲得圓滿結局，而真正「取女吉」。

咸 ䷞ 31

上六，咸其輔頰舌。

上六是少女表示感情的最後機會，也就是動口。「輔」是口內牙齒旁邊的膚肉，「頰」指臉的兩旁，「舌」也在口內，這三者相輔為用，都在促使言語暢通。九五「咸其脢ㄇㄟˋ」，使少男卻步不前。少女在冷靜觀察後，覺得少男確實是自己心目中的白馬王子時，不妨以言語相許，自然能夠化解疑慮。實在不得已時，也可以獻上一吻，以期一吻定江山。

缺乏誠意，但憑言語，不過是有口無心，害人害己。

1 男女的感情，最佳狀態便是心心相印。咸卦用「無心」來提醒大家：心的感應才最為重要。用心計較對方的外表、財富、家庭背景、學歷，甚至於八字，還不如無心，以真誠相愛。有心即無心，無心才懂得真正用心。

2 咸卦艮（ㄍㄣˋ）下兌（ㄉㄨㄟˋ）上，初六與九四、六二與九五、六三與上六，都是正應。在剛柔互動時，都有相悅的感應，實在是良好的默契。男女好合，正是家庭和樂的基礎。

3 下艮（ㄍㄣˋ）代表篤實，少男能以誠實專一的心意，追求自己所喜愛的少女；上兌（ㄉㄨㄟˋ）象徵喜悅，少女深受感動，也以喜悅的心情來回應少男。這樣的感情，可以說是彌足珍貴。

4 咸卦的道理，除了少男追求少女之外，還可以推論到長官與部屬，以及父子、夫婦、兄弟、朋友之間的互動。只要是人，用真誠的感情相通，自然能夠和諧、圓滿。主要關鍵，即在心意相通，務求同心協力，合作無間。

5 人而無情，有如沙石。咸卦提示為人處世，都要有合理的人情。不但言行一致，表裏如一，而且還能將心比心，有感有應。人情只要合理，便有利無害，用不著害怕。

6 感情的可貴在永恆。不持久的感情，很可能翻臉無情，對彼此造成很大的傷害。《易經》在咸卦之後，緊跟著便是恆卦——因為有恆的感情，才是人間的至情。

《第三章》

恆卦六爻
有什麼啟示？

恆卦緊接著咸卦出現，
象徵愛情必須永恆，才見真情。

恆久需要謀合，雙方都有誠意，
不能一開始就求全責備，過於嚴苛。

夫妻平等，卻具有不同的性質，
丈夫剛中帶柔，妻子則是柔中帶剛。

男性過柔、女性過剛，都不合乎常道，
夫婦的剛柔比例，可以自行合理調整。

恆卦下巽(ㄒㄩㄣˋ)上震皆屬動態，
在動態中保持恆久，才能經得起考驗。

從大自然的雷風相隨、雷厲風行，
體會出人與人的恆久真情，走上恆久之道。

一、初六急於求恆欲速不達

咸卦（䷞）艮下兌上，代表少男少女；恆卦（䷟）巽下震上，代表長男長女，意思是：少男少女成婚以後的家居生活，必須持之以恆。「恆」是常、久的同義詞，表示持久不變的感情。

恆卦（䷟）下巽上震。震為動，表示向外發展；巽為入，象徵向內發展。向外發展的震居外卦的位置，向內發展的巽位於內卦，各守本位，合乎常則，所以取名為「恆卦」。震和巽都是動態的，有變化，非靜止，在這種環境中，能夠恆久不變，才是真正經得起考驗的感情。所以大象說：「雷風，恆；君子以立不易方。」從大自然的雷風相隨，體會出恆久不變的不易精神，把它當做堅守正道的生活方式。

初六爻辭：「浚恆，貞凶，无攸利。」「浚」是深的意思，下卦巽為入，有深入的象徵。初六居全卦的始位，「浚恆」表示一開始就急於求深入，違反循序漸進的常理，所以「貞凶」。「貞」的用意，在提醒我們：把「浚恆」當做正常的法則，必然凶險。除非我們反過來想：經常保持合理的貞操，用以防止凶險，否則將無所利。小象說：「浚恆之凶，始求深也。」感情的事，最好由淺入深，彼此因瞭解而互相包容，像雷和風那樣，經常伴隨出現，而不互相衝突或抗衡。倘若一開始就要求深入，相當於責善求全，實在過分苛求，所以凶險。恆的要訣，應該是一步一步加深，而不是一開始就責善求全，有時候反而令人喪失信心，等於把恆久的路阻塞斷絕了，豈不是凶險？觀察恆久的現象，學習恆久的模範，逐步走向恆久的目標，才合乎「慎始」的原則，能讓人愈走愈堅定。

恆 ䷟
32

初六，浚恆，貞凶，无攸利。

恆卦上震代表丈夫，下巽代表妻子。丈夫在上而妻子在下，不過是主伴關係，並不是男尊女卑的不平等待遇。初六是為妻之道的開始，先採取順從的柔性態度，對丈夫不要苛求，彼此逐漸由瞭解而適應，由適應而求改善。倘若一開始便求全責備，必然凶險而不利。欲速則不達，違反逐漸求恆久的原則。

一開始就求全責備，反而欲速則不達。

二、九二剛實經久守中不偏

恆卦（䷟）卦辭說：「恆，亨，无咎，利貞，利有攸往。」恆卦的結構是巽下震上，震動的雷位於流動的風上面，剛柔相應，彼此伴隨而不分離，象徵男女戀愛成熟，結合為夫婦，恆久相隨，永結同心。這是人間的美事，當然亨通，沒有禍害。只要雙方保持合理的貞操，自然無往而不利。「元亨利貞」四德，恆卦和咸卦一樣，都只有「亨、利、貞」，而沒有「元始」，表示感情並不是先天帶來，有賴於後天培養。就算真的有緣分，也需要自己去認識、尋求和努力。

九二爻辭：「悔亡。」小象說：「九二悔亡，能久中也。」「悔亡」的意思，即是悔恨消失。九二以陽爻居陰位，和初六以陰爻居陽位，都屬不當位。為什麼初六「凶」而九二「悔亡」呢？因為九二不正，卻居於下卦的中位。恆而不正，免不了凶險。倘若守中，堅持合理的貞操，那就能夠消除悔恨了。

恆卦以中為貴，倡導合理的恆久。貴中不貴正，表示九二雖然失位，卻與六五相應，彼此都合理（中），所以「悔亡」。初六與九四也相應，但都不居中，因此不合貴的條件，貴也不一定吉祥。九二「悔亡」，不過是功過相抵，能執中卻失位，談不上吉。「久」代表恆，「中」表示貞，恆久保持合理的貞操，是良好的基礎。並不能自持久中，就不重視彼此的瞭解，不培養雙方的感情。除了保持貞操之外，其他言行舉止，也應該講求合理，互求適應，彼此改善，以確保真誠的恆久，才能在「悔亡」之餘，進而求得吉順。珍惜彼此的真心，各自以中和的態度，善意謀合，自然順適恆久。

恆 32 ䷟

九二，悔亡。

全卦的爻辭，以九二為最吉。「悔亡」便是沒有後悔，主因是妻子柔中帶剛，必要時為了堅守貞操，不惜以身相殉——抱持從一而終的決心，展現忠貞的精神，當然「悔亡」。往昔的社會環境，只求妻子堅守貞操。現代人則更進一步，要求夫妻雙方都堅守貞操，那就更加沒有什麼好後悔的了！

恆久堅守貞操，並且保持言行合理，自然守中不偏。

三　九三不守貞正承受羞辱

恆卦（䷟）彖辭說：「恆，久也。剛上而柔下，雷風相與，巽而動，剛柔皆應，恆。恆，亨，无咎，利貞，久於其道也。天地之道，恆久而不已也。利有攸往，終則有始也。日月得天而能久照，四時變化而能久成，聖人久於其道而天下化成。觀其所恆，而天地萬物之情可見矣！」

「恆」是長久的意思。震剛居上，巽柔居下，合乎恆久的原則。雷風相輔相成，風因雷起，雷隨風而加速，互助合作，象徵雷風相與。「巽」為順，「震」為動。「巽而動」，表示順著自然的原理而動，合理地剛柔相應，才能恆久。恆能亨通，主要是各自堅守合理的貞操，所以无咎。恆久並不是不變動，因為生活的方式不可能不變動，但是生活的原則卻必須堅持不變，才是「久於其道」的表現。天地能夠恆久不變，正是由於自然規律永遠不變。「利有攸往」的原因，即在於循環往返，終而復始。日月順天道恆久照耀，四季依規律長久地生長萬物，聖人堅守正道使天下服從教化。觀察恆久的事物現象，便能深刻地感受到天地萬物都充滿了感情。

九三爻辭：「不恆其德，或承之羞，貞吝。」小象說：「不恆其德，无所容也。」九三陽爻居陽位，卻由於位居下卦上位，象徵急於和上六相應，不免喪失原本應有的正德，因而承受羞辱，是必然的結果。必須堅持合理的貞操，才能防止不合理的鄙棄。九三夾在九四和九二之間，孤僻無親，主要是失偏不正，才弄得無地容身。這種承受羞辱的情況，並非由於外來的因素，完全是自己進退失據所造成的。

恆 32

九三，不恆其德，或承之羞，貞吝。

九三是下巽的上爻，剛強得過了頭，失去巽的柔順美德，豈不是成了悍婦？倘若丈夫也柔弱得過分，變成懦弱的男人，對妻子有什麼好處？九三陽爻居陽位，原本當位，卻因為居於巽卦的上位，象徵喪失原有的正德，所以說「不恆其德」，因而蒙受羞辱。並不是由於外來的因素，而是自己進退失據、有所偏差才造成的，所以不能再找理由搪塞，應該及早改變自己的態度，才是最好的補救之道。

妻不像妻，遲早承受羞辱，最好及早自我調整。

四、九四居於不正—無所獲

恆卦（䷟）巽下震上，震為長男，巽為長女，象徵少男追求少女的咸卦已經告一段落。恆卦的長男長女，結合成為夫婦，不能夠繼續居於「男處下、女處上」的咸卦狀態，必須調整為「男上、女下」的主伴情況，才能夠白頭偕老、百年好合。彼此恆久相處，並且家庭圓滿。這是夫婦共同的目標，更需要雙方同心協力，彼此各守其分，各盡其力。

恆久的要件有三：一為「守正」，二為「變通」，三為「調適配合」。下卦為巽，表示「為婦之道」。初六提出「浚恆」的警示，夫婦來自不同家庭背景，不應該一開始就太過嚴苛，容易產生反效果。九二「悔亡」，主要原因是守中不偏。九三「或承之羞」，立場不穩固，有投機取巧的現象，所以承受羞辱。上卦為震，表示為夫之道。九四是上卦初爻，由於陽居陰位，又與初六相應，兩個失位的人，以不正應不正，顯示對於恆久的真義，都缺乏深切的瞭解。所以恆卦九四爻辭：「田无禽。」「田」為打獵，「无禽」即沒有禽獸，打不到獵物。為什麼呢？小象說：「久非其位，安得禽也？」「久非其位」，指對於恆久不甚明瞭，擺錯了位置，過分的要求，當然得不到預期的結果。丈夫的最大責任是養家活口，所以用「打獵」做譬喻——打不到獵物，基本任務未能完成；或者一天到晚廝守在一起，結了婚還認為自己正在談戀愛。度了蜜月，便以為可以天天過那樣的日子，當然是不得當的用恆，對家庭和個人都沒有好處。人雖有情，生活的重擔卻是無情的。就算生活有著落，也應該具有憂患意識，能夠未雨綢繆。體認到夫婦除了愛情之外，仍然有許多工作要做。

恆 ䷟ 32

九四，田无禽。

恆卦雷風相隨，彼此密切配合。下卦巽ㄒㄩㄣˋ卦表示為妻之道，上卦震卦則是為夫之道。雙方面合理對待，不能夠片面要求。九四和初六一樣，都屬不當位。但是九四和初六相應，象徵夫妻雙方面都需要提高警覺，先做好自己分內工作，再要求對方善盡責任。丈夫的首要任務是維持家計。因「无禽」表示打不到獵物，生活沒有著落，還有什麼可說的呢？人有情，生活的重擔卻十分無情。愛情和麵包，兩者必須兼顧並重。

丈夫的責任，在維持家計。愛情與麵包，應兼顧並重。

五・六五陰爻柔弱不利男性

恆卦（䷟）六五爻辭：「恆其德，貞，婦人吉，夫子凶。」小象說：「婦人貞吉，從一而終也；夫子制義，從婦凶也。」

恆卦上卦為震，象徵動得很剛健。六五以陰柔居中位，有中和的作用。剛中帶柔，是六五的美德。丈夫為小家庭的重要支柱，不能不剛健，卻也應該有柔和的一面。丈夫恆久保持這種剛中帶柔的美德，即為「恆其德」。六五以陰柔居陽位，和九二以陽爻居陰位，同樣是失位，但在堅守貞操的表現上，卻有不一樣的效果。九二是婦人，為了堅守貞操，表現出無比的剛強。古往今來，忠貞烈女總是令人敬佩。六五是丈夫，往往誤用柔情，受不了誘惑而守不住貞操。「婦人吉」的原因，是因為婦女在這方面的情況比較單純，一旦面臨可能失貞的情形，只要抱持「從一而終」的堅定心態，予以強烈抗拒，不必做出其他選擇。而「夫子凶」的理由，則是因為所處的環境，無論古今中外都更加複雜，這是「制義」的作用，必須格外小心。凡事憑理智隨機應變，以求制宜，原本十分正確。除了堅守貞操，可以和婦人一樣從一而終之外，其他事宜，倘若也像婦人那樣，一味堅持抗拒到底，畢竟是行不通的，所以說「從婦凶也」。

現代男女平等，但是九二和六五的精神，仍然應該保持。婦女柔順，必須有剛強的一面，使人不敢存心侵犯。丈夫剛強，也應該有柔順的一面，最好各自發揮在合理的地方，不宜有所錯亂。從一而終，在夫婦關係上，雙方都必須堅持。至於其他方面，恐怕都應該適度地「制義」，以求權宜應變。婦女通常比較順從，而男性則必須更講求「合理的順從」。

恆 32

六五，恆其德，貞，婦人吉，夫子凶。

上卦為震為丈夫，六五則是丈夫的主要原則。以陰爻居陽位，象徵男性以剛健、堅強為本，卻也應該剛中帶柔。過分高高在上，自以為高於妻子一等，根本就是不正當的想法。丈夫恆久保持這種剛中有柔的美德，是一件好事。對於堅守貞操而言，婦人以九二柔中帶剛的精神，可獲吉祥。男性剛中帶柔，卻反而不利，容易引起凶險。應該以剛強的態度來面對，才能確保安全。

夫婦共同以剛強態度保持貞操，其他方面才能夠見機行事。

六、上六振動不安必致凶險

恆卦（䷟）上六爻辭：「振恆，凶。」小象說：「振恆在上，大无功也。」「振恆」表示恆德受到震動，不安於恆久之道。上六位居上震的極位，象徵恆道走到盡頭，似乎不能再恆，所以必致凶險。在恆卦的上體，表現出振動的現象，好像高樓頂端遇到地震那樣，晃動得十分厲害，當然大大地沒有功效。夫婦感情堅定長久，主要在於雙方堅守貞操。倘若丈夫高高在上，自以為能夠為所欲為，對恆道意志動搖不堅，就算夫妻相守了大半輩子，也將因此而瓦解，豈不是大大無功嗎？六、七十歲還鬧離婚，理由竟然是已經忍耐到兒女長大、夠久了！實際上，這是一開始就未能遵循咸、恆兩卦的道理，才會自作自受，最後不得不以離婚收場。

全卦爻辭，以九二為最吉。因為婦女從一而終，堅守貞操，只要有決心，就比較容易做到。上卦代表丈夫，九四「田无禽」，六五「夫子凶」，上六「振恆凶」，都帶有凶象。表示婦女通常比較容易守恆，男性則相對困難。古時以「夫死不再改嫁」為從一而終的美德，卻又似乎默許男性續弦為可行的權宜之計。實際上，這是站在子女和整個家庭的立場，才做這樣的解釋。現代社會和往昔頗有不同。雙方堅守從一而終的貞操，才能慎擇戀愛、結婚的對象，關懷彼此的身心健康，共同為家庭和子女的幸福著想。從咸到恆，都能遵循正道。人類的感情生活，就能獲得合理的安頓。家庭為人群社會、國家民族的基石，也才能夠健全而和諧。家家都和氣，人人萬事興。天人合一的景象，自然顯現。

恆 32 ䷟

上六，振恆，凶。

上六位居恆卦的上爻，雖然不失信，卻由於上震象徵男性，有過分柔弱而守不住恆德的可能性，所以凶險。「振恆」表示恆德受到震動。擔心恆德走到盡頭，有如高樓頂層遇到地震而晃動，實在令人憂心不已。

到了六、七十歲還鬧離婚，可見恆德經不起考驗。

我們的建議

1 生生不已，是天地造化的大原則；家庭美滿，為人類正常發展的重要基石。愛情求固，白首偕老，最好能從咸道開始，就對守恆之難有所認知。戀愛是為了結婚，此言不差。

2 有人說：「婚姻是愛情的墳墓。」殊不知，這就是不懂咸道的惡果。不知咸，何以恆？坊間無數畸戀愛情小說，內容都是不正常的情感與心態，開卷受害，作者和讀者都必須自作自受，建議敬而遠之比較安全。

3 恆心需要毅力，還必須發自內心。先弄清楚什麼叫做「守恆之道」，再循序漸進，走向合理的恆久，才是「以理智指導感情」的有效途徑。不能片面要求任何一方必須心甘情願地順從與付出。不能持久地自我要求，如何使感情恆久如常？

4 定乾坤，表示天地正常運作，人類可以放心地生存發展。但是天地正常，人類卻由於感情作用，導致許多不正常的現象，使得家庭不穩固，生活不正常，社會秩序大亂。可見下經以咸、恆為首，實在是用心良苦。

5 恆卦（䷟）下卦為巽，代表風；上卦為震，代表雷。雷震風順，象徵做事需要有決心和毅力。守恆的效果，表現在夫婦雙方堅守貞操，必須雷厲風行，不能知而不行。

6 除了堅守貞操之外，其餘方面，最好是雙方配合，各自發揮長處，共同為家庭和子女謀幸福。有原則，能夠權宜應變，隨時隨地求合理，才合乎恆久不變的要求。

《第四章》

如何將
咸恆合而觀之？

咸卦和恆卦，都與男女的感情有關，
婚前婚後，做好合理調整，才是正道。

由夫婦推及父子、君臣、兄弟、朋友，
再推及古人和往者，甚至於宇宙萬物。

合理的人情，是中華文化的基石，
也是人之所以為萬物之靈的主要表現。

把咸卦和恆卦合起來想，不分開來看，
現代男性和女性，都應該把自己調整好。

慎始的感情，可以保家道平安，
貞操的觀念，男女都應該有限度堅守。

夫能唱時，儘量保持夫唱婦隨，
夫不能唱時，婦唱夫隨是特例也無妨。

一、明人倫之始倡夫婦之義

人為萬物之靈，不但有感情，而且能感應。有時有感想，有時則令人感動。《易經》可分上經與下經——上經由乾卦到離卦，主要在闡明天道；下經由咸卦到未濟卦，重點在說明人道。〈序卦傳〉是分析《易經》六十四卦編排順序的一篇專論，特別指出：「有天地然後有萬物，有萬物然後有男女，有男女然後有夫婦，有夫婦然後有父子，有父子然後有君臣，有君臣然後有上下，有上下然後禮義有所錯。」「錯」和「措」相通，是措置、措施的意思，說明咸、恆兩卦，是男女交感，互相愛慕，以至有情人結合成為眷屬。把這種男女之情，引導到正道上面。並且進一步建立人倫道德，使人與人之間的感情正常化，使人與人之間的關係正當化。

倫理是中華文化的基石，而倫理的精神，主要在於「情」和「義」。咸卦（䷞）艮下兌上，艮代表少男，兌代表少女。艮在兌下，象徵少男求少女。恆卦（䷟）巽下震上，巽代表長女，震代表長男，象徵男性剛強，不宜久居婦下；女性柔順，樂於追隨丈夫。同樣是愛慕之情，婚前婚後，其「義」並不相同。把這種有情有義的倫理精神，由夫婦推及父子，由父子推及君臣，再推及兄弟和朋友。不但如此，我們還推及古人和往者。換句話說，由自己所熟悉的人，推及到和自己完全沒有親屬關係，甚至於完全不認識的人。

現代社會個人主義風行，人與人之間，簡直缺乏情的感通。咸、恆兩卦的要義，應該是現代人最需要的解藥，能消除人與人之間的疏離感與不和諧感。

人為萬物之靈

↓

主要在情義並重的倫理精神

↓

由夫婦有別到父子有親

↓

由父子有親到君臣有義

↓

由君臣有義到長幼有序

↓

由長幼有序到朋友有信

↓

五倫先做好再推及其他

二・慎始的感情保家道永安

現代人性行為開放，未婚生子似乎不算稀奇。這種不重視貞操，甚至將貞操視為落伍、不合理的觀念，實在是人類社會的主要亂源。愛情的追求，只在甜言蜜語而缺乏誠意，影響所及，政治人物口惠而實不至，根本談不上誠信感人。

戀愛時，男性百般遷就，極力討好；結婚後，男性高高在上，動輒怒罵或施暴，簡直有如仇人。現代人皆以為「夫尊婦卑、夫唱婦隨」為男女不平等的象徵，卻不明白箇中原因，出於古代女子接受文字教育的比例很低，知識水準遠不及男子，以至男性擁有文字解釋權，片面強調有利於男性的部分，實際上是扭曲和偏見，並不符合聖賢真意。在婦權高漲的今日，許多人高喊「男女平等」，卻往往忽略了陰陽性質有所不同。人生下來，就是男女有別，如何能用「男女平等」來否定其性質互異呢？較合理的主張，應該是「男女同權，但絕非同質」。

理想的夫婦，應該是同心同德，沒有意見上的隔閡，也沒有感情上的衝突。要達到這樣的境界，只有遵循咸、恆兩卦的要旨，從小就把男子教成男性，女子教成女性。因為女子的感情，通常比男子來得純潔。男子愈高傲愈喜歡孤獨，而女子若是孤獨不和別人來往，一定會有被疏遠、受排斥的感覺。為人父母者，若不正視男女本質上的差異，而是把女子和男子用同樣的方法加以教育，往往會教成老一輩口中「不男不女」的「中性人」。可悲的是，現代人不以「中性人」為忤，反而視之為時尚，更顯示出其荒謬與偏差。

夫婦之道，貴在雙方堅守貞操，若是愛情不能專一，其他一切都靠不住。我們解說「元亨利貞」時，特別把貞操說成合理的操守，表示各方面都應該有不一樣的貞操，夫婦更是如此。家道能不能永久安寧，這是基本的要件。

慎始的感情

↓

夫婦同心同德

↓

沒有意見上的隔閡

↓

沒有感情上的衝突

↓

男女同權不同質

↓

共同的基礎即在

↓

堅守合理的貞操

三、貞操的觀念必須合理化

咸卦（䷞）和恆卦（䷟）都是三陰三陽，相抱和諧。而且初六和上六，都是陰爻，中間有三個陽爻合在一起。前者表示陰陽調和，男女同權。咸卦女上男下，象徵男子率先表現誠意，供女子用心選擇。「女怕選錯郎」，可見主導權在女方。居於「從一而終」的貞操觀念，當然要用心。咸卦把心去掉，用意在提醒女子不應該存利害的心。尤其是現代金錢掛帥，財富至上，更應該把心放在「可以依靠、值得信賴」的責任感上面。後者則提醒我們：少男長大成為長男之後，倘若還是願意久屈女子下方，這時少女已經成為長女，美豔不如當年，在生男育女之後，更需要忙於家務，倘若丈夫還像當年一樣，到處展現心意，該當如何依靠？或是丈夫無法扛起家計責任，豈不是「貧賤夫妻百事哀」？所以恆卦一改咸卦的姿態，由女上男下，變成男上女下——並不是婚後臉色不同、姿態改變。而是責任加重，必須雙方全力配合。若是有人因此認為恆卦重男輕女，那麼咸卦是不是輕視男權呢？

倒是往昔片面重視女性的貞操，在現代，則是必須調整為雙方同等重視，這樣才算合理。夫婦既然同享要求愛情專一的權利，也就應該同盡堅守貞操的義務。做丈夫的，可以對妻子表示妒忌。做妻子的，同樣也有妒忌的權利。只要雙方的妒忌，都符合實際的限度，不必追究既往，也不能無中生有。對於婚前的戀愛對象，或者再婚的前夫前妻，只要婚後已經斷絕情誼，便不必再疑神疑鬼。以有限期的貞操，代替往昔無限期的貞操，應該是「貞操現代化」的合理調整。

現代化的貞操

↓

男女雙方都有堅守貞操的義務

↓

婚前或再婚之前的異性情誼必須斷絕

↓

丈夫不向其他女性貢獻男性的愛

妻子不向其他男性貢獻女性的愛

↓

親情、友情和愛情要區隔清楚

千萬不可混為一談

↓

愛情專一是夫婦之道的根本

四、戀愛的結果是正當婚娶

咸卦（䷞）艮下兌上，艮卦代表停止，表示「男感女、女悅男」的過程，在兌卦出現喜悅之後，便應該停止，正式結合為夫婦。這種「一生只戀愛一次」的主張，現代人幾乎難以想像，更不容易理解。我們常以現代社會誘惑太多，人的心靈似乎愈來愈脆弱，來掩飾自己的感情亂象。戀愛、結婚十分重要，卻不是人生的唯一目標。我們建立溫暖的家庭，實際上是為了修養自己、教養下代，同時為人類社會做出貢獻。倘若在戀愛、婚姻花費太多精力與時間，人生的價值，恐怕就要大打折扣，對不起自己了！

現代人常說：「婚姻是愛情的墳墓」，便是不明白咸卦和恆卦的變化關係，才會產生這樣的感概。由於一生只戀愛一次，當然要求恆久不變，才有安寧、愉快、幸福的可能。請問現代女性：「找一個可靠的丈夫來養家活口，是不是比找一個只會談戀愛，卻負不起責任的人要好得多？」世界上會談戀愛而又能負起責任的人，當然也不少，但是需要少女自己去尋找，也著實是件不容易的事。好不容易自己看上了，經過多方的了解和測試，終於芳心有主，願意下嫁（咸卦男往上求，女向下嫁），結合成夫婦之後，是不是應該仿傚恆卦（䷟）的結構，改變成男上女下。採取主伴（往昔是主從）的心態，把丈夫捧得高高的，把他哄得像小孩子一樣，讓他心甘情願地為家庭做牛做馬呢？當然，現代有很多女性，不忍心讓另一半做牛做馬，自告奮勇，也願意做牛做馬。勇氣可嘉，但是站在人類生存發展的立場上，卻不值得鼓勵。

戀愛是為了結婚

↓

一生只戀愛一次最幸福

↓

慎始就是不隨便談戀愛

↓

萬一有差錯也不必後悔

↓

但必須好聚好散

↓

從此不再有愛情的成份

↓

及時由咸卦轉向恆卦

↓

婚姻便不是愛情的墳墓

五・真正的愛是關心像無心

咸卦把「感」字的「心」去掉，倡導「無心之感」。西方人喜歡說「我愛你」，把愛掛在嘴巴上，卻做出很多違心的表現。我們則是把愛放在心裡，並不是不敢說，也不是說不出口，而是十分明白「說出來遠不如不說」，可惜現代人大多想不通這層道理。

一個男人，會說也敢說「我愛你」，到底可信不可信？靠不靠得住？誰也料不定。女性朋友難道不會懷疑：今天他對張小姐說我愛你，明天會不會也對李小姐、王小姐說同樣的話？一個女人，若是喜歡聽「我愛你」這種話，而且還會相信，她的命運，根本就用不著排八字、看面相，便可以斷定命運坎坷、婚姻欠穩定——連這種話都能相信，還有什麼腦筋？

不說我愛你，對方就感覺不到，雙方的默契，怎麼能建立？萬一有一天說不出話來，夫婦之間怎麼溝通？說了我愛你，豈不是天天要說？否則引起懷疑：「是不是今天不愛我了？」豈非自找麻煩？天天說，變成一種形式，逐漸有形無實。有一天不說了，果真變了質，豈不是更可怕？

西方人相信這種話，看似有心，實際上並不關心。我們不相信人家所說的話，卻十分相信自己的感受，看似無心，其實非常關心。口中不多說，心中夠實在。一旦說多了，變成有口無心，多可怕！一旦說多了，對誰都忍不住要說，搞得大家都不相信，豈不是更慘？現代還有人倡導西方人的擁抱，殊不知遲早抱出問題，才知道自己的淺薄與無知。無心的感，才知道對方的感受；有心的感，早晚產生利害關係。現代人可能太忙，所以想不通這深層的道理。

關懷而不是好奇

↓

真正的愛是關心對方

並不是對別人有好奇心

↓

不要相信「我愛你」這種甜言蜜語

要相信自己所體會出來的感覺

↓

口中不多說，內心才夠實在

說多了變成形式，常常有口無心

↓

「有心的感」遲早產生利害關係

「無心之感」才能體會出對人的感受

↓

心連心才是真關懷

六．夫不能唱時不得不隨婦

《易經》主張變易，也重視不易。「夫唱婦隨」是常理，但是夫要唱得出來，婦才能隨。若是夫根本唱不出來，那就非變不可，由婦來唱，轉化成「婦唱夫隨」，形成現代的「家庭主夫」了。家庭由夫婦組成，雙方大可誠心協議，無論採取哪一種形態，總該有主有伴，才能同心協力。

父嚴母慈是常態，因為父親外出工作，為了家計，較少有時間與子女相處。母親在家教養子女，相處的時間比較長。父嚴母慈，對子女的教養有利，孩子不會整天擔心害怕。反過來父慈母嚴，子女長時間和嚴母相處，恐怕就要度日如年了。但是，有些家庭是母親出外工作，父親主持家務，那就應該自行調整，改變為父慈母嚴，子女的壓力才不會太大。父母角色互換是特例，不能視為通例。

夫妻也是如此。夫在某方面較妻為優，在這方面可以夫唱婦隨。反過來說，妻在某方面較夫為強，當然在這方面也可以婦唱夫隨。丈夫很優秀，妻子樂於追隨。丈夫感謝妻子的成全，妻子感謝丈夫的主導。彼此約束自己，尊重對方；多包涵，少責備；多貢獻，少要求。倘若夫妻都不行，那就每一樣都平等。雖然結果不可能良好，卻也是自作自受，就算怨天尤人，也沒有實際的效果。

現代人過分重視平等，卻嚴重地忽視了互補的重要性。夫妻性質不同，最好求互補。有一方做得比自己好，為什麼不樂得成全，讓對方主導呢？男女平等，說穿了就是雙方斤斤計較、互不相讓，也彼此不服氣，這樣還像什麼夫妻？

夫唱婦隨是常理

↓

這不是重男輕女

更不是輕視女權

↓

現代人過分重視平等

忽略了雙方互補的重要性

↓

女性的直覺比男性靈敏

很容易發覺男性的偏差

↓

男性的方向感比女性準確

讓男性主導對女性是一種尊重

↓

要婦唱夫隨也可以

但是只能當做特例看待

我們的建議

1 現代女性，最好是個性溫柔可親，態度和藹可愛，仁慈善良而又笑容可掬，善解人意。遇事禮讓，服務周到又能夠排解紛爭。倘若剛強任性，盛氣凌人，態度凶狠，蠻橫潑辣，說話粗裡粗氣，又絲毫不肯禮讓別人，那就失去了女性陰柔順從的美好特質。

2 現代男性，最好能有擔當、肯上進。做人講原則，做事有計畫。明哲保身以遠離罪惡，寬恕他人並改過遷善。愛護弱小、見義勇為，孝敬父母、尊重長上。和女性一樣，保持合理的貞操。如果上述要求都做不到，便枉為男人。

3 男女雙方，都不應該把戀愛當樂趣，視婚姻如兒戲。最好能依據《易經》思惟，把戀愛和婚姻合起來想，不應該分開來看。戀愛是為了婚姻，否則便是濫愛、亂愛。

4 把親情、友情和愛情，做出合理的區隔，不能混為一談。定位不清楚，後遺症十分嚴重。時常反省，有沒有踰矩的念頭和行為？及時調整修正，務求正常合理。

5 重視外表，感情很難純真。多關心，彼此珍惜並且互相尊重，才是真正的人情。不要因為自己的觀念受污染，便反過來責怪人情，這是本末倒置的想法，並不合理。

6 人與人之間，缺乏情的感通；父母、子女、兄弟姐妹之間，不重視天倫之樂；朋友之間無情無義……這樣的人群社會，與禽獸又有何異？難怪有很多人，不敢承認「人為萬物之靈」。

《第五章》

我們要如何看待謙卦？

要看一個卦，最先要觀象，
謙卦下艮ㄍㄣˋ上坤，像是「地中有山」。

觀象要從卦序、卦名與卦辭著手，
由內外卦象的陰陽，看出相互的關係。

六爻是不是當位？彼此能否相應？

還要審定主爻，觀出卦主以掌握重點。

所有的意義，都應該和卦象相符，
通象才可以談論易理，不宜離象。

炎黃子孫，大多喜歡看相，
和《易經》的象，有十分密切的關係。

互體、半象、錯卦和綜卦，
都是卦象的變化，必須詳加觀察。

一 由上下兩卦觀全卦形象

西方語言重「音」和「義」，中國語言受到《易經》「無三不成禮」的影響，「形、音、義」三者並重。西方人用「音」思慮，先有語言後造文字。中國人依「形」思慮，先畫八卦，由圖形來認識文字。〈繫辭・上傳〉說：聖人看到天下萬物的道理，既複雜又深奧，想辦法把它模擬成具體的形態，使一般人更容易瞭解。用八卦、六十四卦，來象徵事物的意義和變化，叫做「象」。我們看任何一個卦，首先看它的象。「象」即「像」，看它像什麼？易卦給我們很多想像空間，讓我們盡情發揮想像力。

謙卦（䷎）像什麼？下艮上坤，上面是一片土地，下面是一座大山，這不是很奇怪嗎？自然的景象，分明是山高高地矗立在地面上。現在我們所看到的，竟然是山在地下。諾大的一座山，躲到地面下，讓人看不見，實在有夠低調。

我們不難想像，山這麼高，令人心生畏懼，怎樣才能翻越山頭？做人如果像山這樣，豈不是令人望而生畏、敬而遠之？親和力完全喪失，人際關係一定不好。尤其是現代人，親眼看過好幾座山，被推土機推得平平的，根本就不像一座山，景象十分淒涼。於是想像：山如果能夠躲在地底下，那麼任憑再厲害的推土機，也都無法剷平它，這是多麼高明的明哲保身！不但保全了自己，而且有利於整個自然環境的維護。謙的形象，果真有如山在地下。從卦象瞭解謙的真義，稱為「觀象」。從卦的上下兩部分所代表的形象，看出全卦的象徵。謙卦的卦象，是山在地中。從形象看出內涵的意義，和中國人喜歡觀看面相，是相同的道理。

觀「謙」的「象」

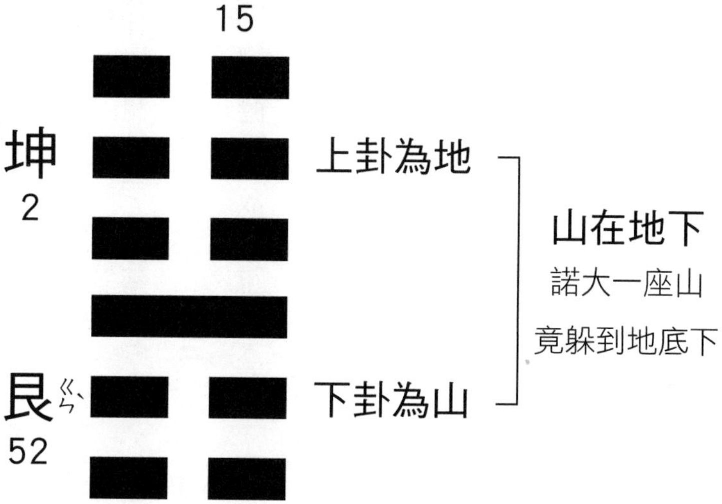
15
坤
2
上卦為地
山在地下
諾大一座山
竟躲到地底下
艮ㄍㄣˋ
52
下卦為山

二、卦名和卦辭都離不開象

由於道理經常是不容易說，或是說不明白，所以聖人用「象」來表示。我們常看圖識字，以及透過圖表來說明事物，都是「設卦觀象」的應用。古代「象」與「像」通用，象徵萬物的狀態，使我們聯想起「像什麼」。然後因象立卦，把所想像的形態懸掛出來，方便做客觀的觀察，稱為「設卦」。

觀象時，首先要觀卦序、想卦名，並且讀卦辭。

譬如謙卦（䷎），依卦序前為大有卦（䷍），後為豫卦（䷏）。〈序卦傳〉說：「與人同者，物必歸焉，故受之以『大有』。有大者不可以盈，故受之以『謙』。有大而能謙必豫，故受之以『豫』。」能夠求同存異，與人和諧共處的人，萬物必然歸附於他，所以接著是大有卦。大有所獲的時候，千萬不能自滿，所以接著是謙卦。大有而又能謙的人，必然悅樂，所以接著是豫卦。謙卦下艮上坤，外柔順而內靜止，象徵恭敬有禮，虛懷而不自滿，所以名為謙卦。山是可見的形象，艮則是代表山的功能德性。艮卦（☶）的陽爻，在坤卦（☷）的最上方，表示動靜得宜，適可而止。坤卦（☷）同樣代表地的功能德性，順從安祥，柔軟可親。謙卦卦辭說：「謙，亨，君子有終。」意思是內艮為止，內心能夠自我約束，保持知足常樂，不過分要求。外坤為柔順，表現出謙虛、禮讓、謙退的態度。這種謙虛美德，如果能夠始終保持，養成良好習慣，自然亨通而無所阻礙。卦名和卦辭，都和象密切相關，所以說必先明白象的意義，才能夠探究卦所顯示的易理。大象和小象，都是重要的關鍵。

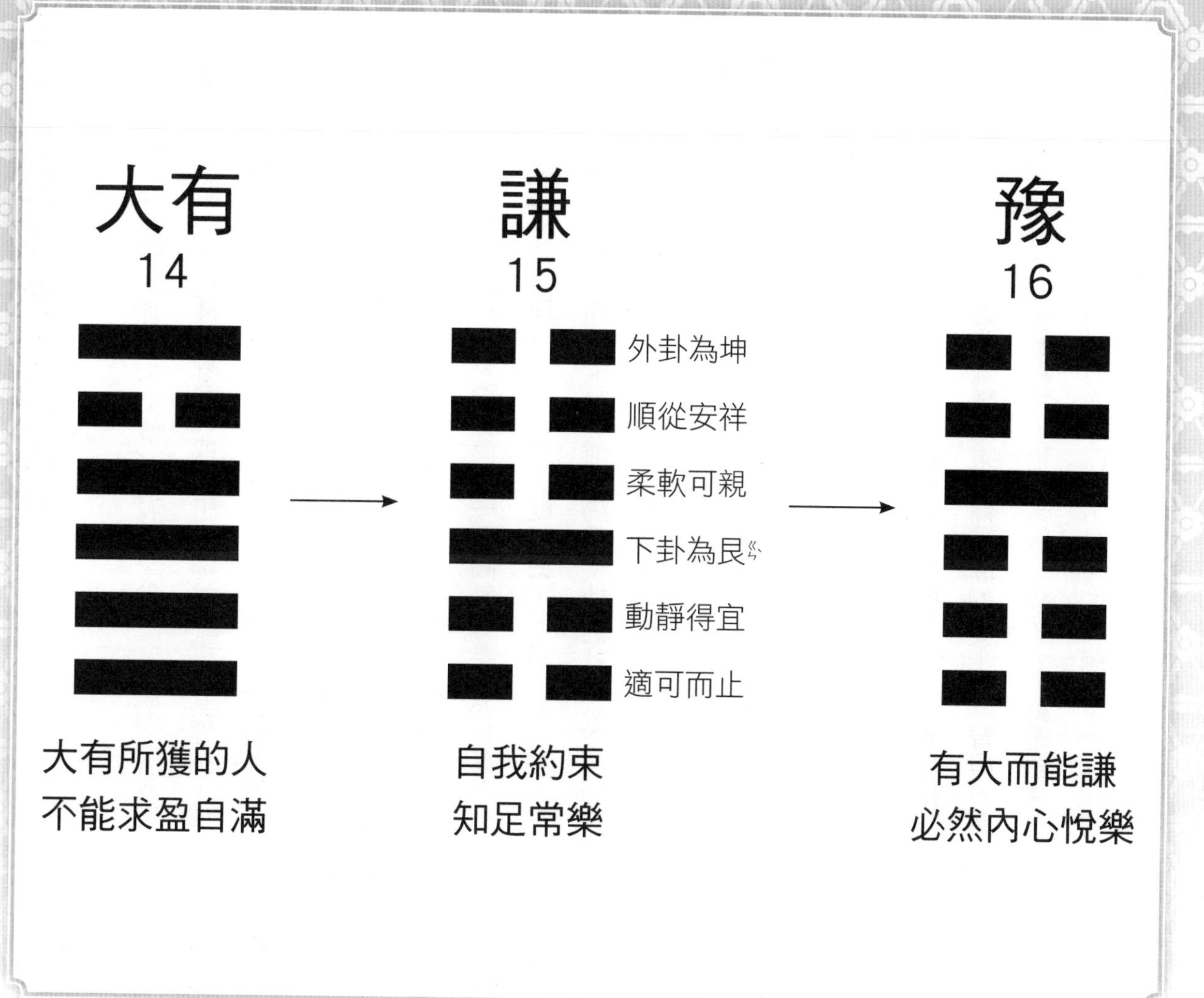
大有
14
大有所獲的人
不能求盈自滿
謙
15
外卦為坤
順從安祥
柔軟可親
下卦為艮
動靜得宜
適可而止
自我約束
知足常樂
豫
16
有大而能謙
必然內心悅樂

三、觀察內外卦象為陰為陽

〈象傳〉有兩種：卦的〈象傳〉稱為「大象」，說明全卦的象。爻的〈象傳〉稱為「小象」，依據爻辭全文或其中一部分，說明其理由，或推論其結果。不論大象、小象，都用「象曰」的形式引出。大象緊接在彖辭之後，小象則安放在爻辭的後面。〈繫辭・下傳〉指出：「陽卦多陰，陰卦多陽。」意思是陽卦中陰爻居多，而陰卦中陽爻居多。如果是這樣，乾卦（☰）三爻都是陽爻，為什麼還算是陽卦？坤卦（☷）三爻都是陰爻，難道是陽卦？所以〈繫辭・下傳〉接著說：「其故何也？陽卦奇，陰卦偶。」用陽卦的筆畫為奇數，陰卦的筆劃為偶數來區分，應該更為合理。八卦當中，乾（☰）三畫、震（☳）五畫、坎（☵）五畫、艮（☶）五畫，都是奇數，稱為陽卦；坤（☷）六畫、巽（☴）四畫、離（☲）四畫、兌（☱）四畫，都是偶數，稱為陰卦。

重卦不分陰陽，但是內外卦仍然有陰有陽。以謙卦（䷎）為例，下艮五畫為陽卦，上坤六畫為陰卦。謙卦大象說：「地中有山，謙；君子以裒多益寡，稱物平施。」「裒」是減少，「益」為增加。謙卦（䷎）下山上地，有山在地下之象。但是山在地下，便不成為山了。因為地是比較平坦的，山則是相對凸起的。山和地的不平，在山高地低，象徵世間不平的現象。君子將山的高出部分減少，來彌補地的不足，象徵以謙德來彌補世間的不平。「稱」為衡量，「施」即施與，「稱物平施」，便是權衡事物的多寡，設法公平地施與。上坤陰氣向下，下艮陽氣上升，上下互通，取多餘而補不足，即為謙虛、禮讓、互惠的表現，發揮「地中有山」的精神。

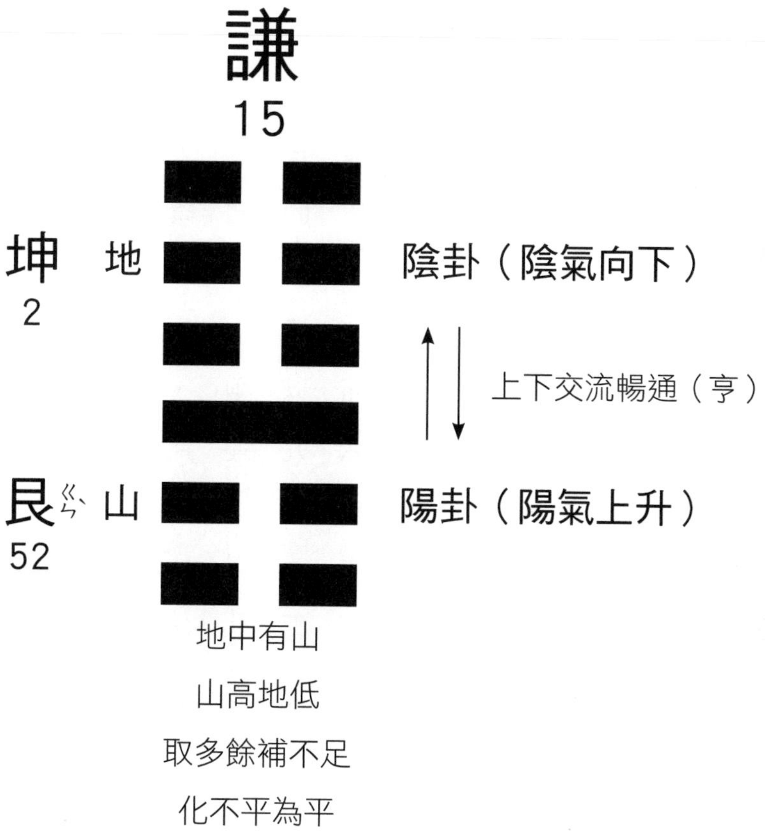
謙
15
坤
2
地
陰卦（陰氣向下）
上下交流暢通（亨）
艮ㄍㄣˋ
52
山
陽卦（陽氣上升）
地中有山
山高地低
取多餘補不足
化不平為平

四、觀察六爻陰陽是否當位

一卦六爻，稱為「六畫卦」或「重卦」。「爻」的意思是仿傚。仿傚什麼呢？仿傚萬物的動態而立象，稱為「爻」。宇宙萬象，不外乎一正一反。正向動態的陽爻，用「⚊」來表示。反向動態的陰爻，用「⚋」來代表。陽爻是奇數，一、三、五、七、九之中，以九為最大，所以陽爻稱為「九」。陰爻為偶數，二、四、六、八之中，二和四（古時寫成☰）容易混淆。六和八兩個數字，依據陽伸陰縮；陽向外、陰向內的原則，六比八老，所以陰爻稱為「六」。配合由下而上的初、二、三、四、五、上，兩者連用，用以辨明爻的陰陽性質和上下位置，同時也可以表示時的先後。通常以初九、六二、九三、六四、九五、上六為當位，表示變得合理，便是「得」。而初六、九二、六三、九四、六五、上九為不當位，象徵動得不合理，即為「失」。一般來說，得則吉，失便凶。以謙卦（䷎）為例，六二、九三、六四、上六當位，而初六、六五不當位。一般來說，當位的爻辭，大多得位而吉。不當位的爻辭，不得位（失位）多凶。但謙卦例外，六爻皆吉，可以說是六十四卦之中，唯一六爻皆吉的卦。換句話說，《易經》六十四卦，實際上是以謙卦為中心，無論當不當位，都吉。一卦六爻，如果整體來看，把接連在一起的爻，看成一爻，可以觀出大體的象。以謙卦（䷎）為例，很明顯觀出坎卦（☵）的樣子。坎卦象徵水往下流，有突破艱難的精神。人生充滿艱難險阻，必須發揚人性的光輝，堅定剛毅地突破重重險難，需要謙的美德，才能夠安然渡過。

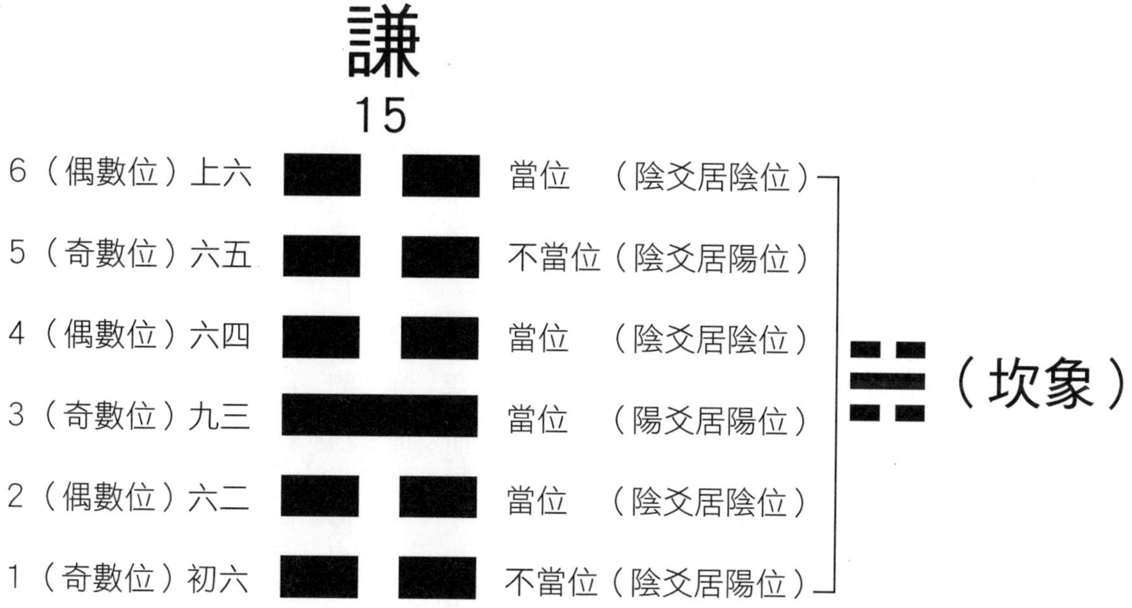
謙
15
6（偶數位）上六
當位　（陰爻居陰位）
5（奇數位）六五
不當位（陰爻居陽位）
4（偶數位）六四
當位　（陰爻居陰位）
3（奇數位）九三
當位　（陽爻居陽位）
2（偶數位）六二
當位　（陰爻居陰位）
1（奇數位）初六
不當位（陰爻居陽位）
（坎象）

五。由卦義看出一卦的卦主

一卦的卦義，通常以一爻或數爻為主，稱為「主爻」，又名為「卦主」。以謙卦（䷎）為例，以九三爻為卦主。因為謙卦下艮上坤，就下艮來看，九三位居下艮的究位，是適可而止的象徵。實際上艮的最高境界，即在止於至善，所以九三爻是下艮的卦主。上坤純陰，其功能德性為吸引凝聚。我們由乾、坤是父母卦，其餘六十二卦都是乾、坤兩卦交易的產物，可以想像謙卦由乾卦上九的亢龍，知進不知退，以致有悔而心生謙讓，降居坤卦的六三爻位。乾卦〈文言〉說：「子曰：『貴而無位，高而無民，賢人在下而無輔，是以動而有悔也。』」亢龍的意思，是說只知進取而不能退守；只知道存在，卻不知道終將衰亡；只看到獲得，並看不見喪失。「亢龍有悔」，指出高飛到極點的龍，必將有所悔恨。因亢極而生悔意，自然謙虛反省，謙讓自損，得以急流勇退，降居坤卦的六三爻位。這種現象，稱為「乾上之坤三」，成為謙卦的主爻九三。我們也可以想像：乾卦九三，由於陽剛太重，發現自己上未達於天、下未立於地，實在是位不居中，不但要勤奮不懈，而且應該隨時警惕，才能无咎。君子經過初九「潛龍」、九二「見龍」的歷程，來到九三「惕龍」，深知再往上走，必須身段更加柔軟，態度更加柔順，因此轉到坤卦六三爻位，務求內剛外柔，內方外圓，使自己更加吉順。無論如何，謙卦九三應該是全卦的主爻，也就是謙卦的卦主。

謙卦六爻，只有九三與上六相應，其餘初六與六四、六二與六五，都不相應，可見九三在謙卦的地位十分重要。謙謙君子最主要的表現，即在適可而止。

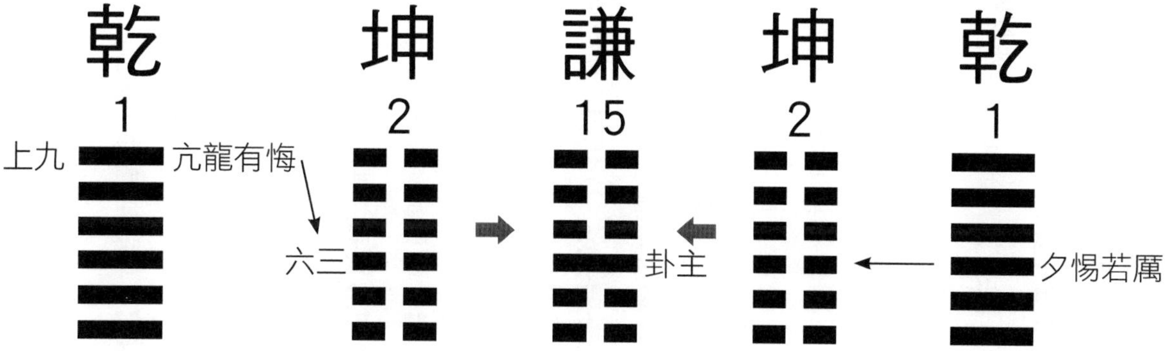
乾
1
上九
亢龍有悔
坤
2
六三
謙
15
卦主
坤
2
乾
1
夕惕若厲

六、由中爻的互卦瞭解卦象

謙卦彖辭，指出謙德是光明的。我們從謙卦（䷎）的六二、九三、六四，看出它的互體為坎（☵），而坎的錯卦為離（☲）。離為火，當中的陰爻，象徵可以燃燒的物質；上下兩陽爻，象徵物質燃燒時，所產生發光發熱的火，正是光明的表現。「互體」象徵某類現象中，所內涵的另外一種現象，也可以說是這一卦的潛在意義。不論性質有沒有改變，都和原有的現象息息相關。二、三、四爻為下互；三、四、五爻為上互。謙卦上互為震卦（☳），表示謙德之中，內涵有自強不息的上進動力。其錯卦為巽（☴），象徵只宜順取，不宜逆取。震（☳）的綜卦為艮（☶），同樣有適可而止的含義。

謙卦（䷎）的錯卦是履卦（䷉），表示明白謙卦的道理，還需要確實履行，養成習慣才有效果。謙卦（䷎）的綜卦為豫卦（䷏），和謙卦的卦象，剛好完全顛倒過來。豫的意思是寬裕和樂，表示謙然後能豫，所以〈序卦傳〉說：「有大而能謙，必豫，故受之以豫。」

互體是一卦當中，除了初爻和上爻之外，其餘二、三、四、五（稱為中爻）所產生的象。互卦包括錯卦、綜卦和爻變。透過「錯卦」來判斷，表示從不同的立場，來審視同一個問題。凡事最好多方觀察，才能尋求當時當地的合理點。兩個卦的六爻，陰陽相錯，和天地造化具有同樣功能。「綜卦」反覆倒看，務求從易氣的流行過程中，悟出盛衰興亡的道理，尋找得失成敗的契機。「爻變」是占卜過程經常遭遇的現象，將來討論占卜時，再來仔細說分明。

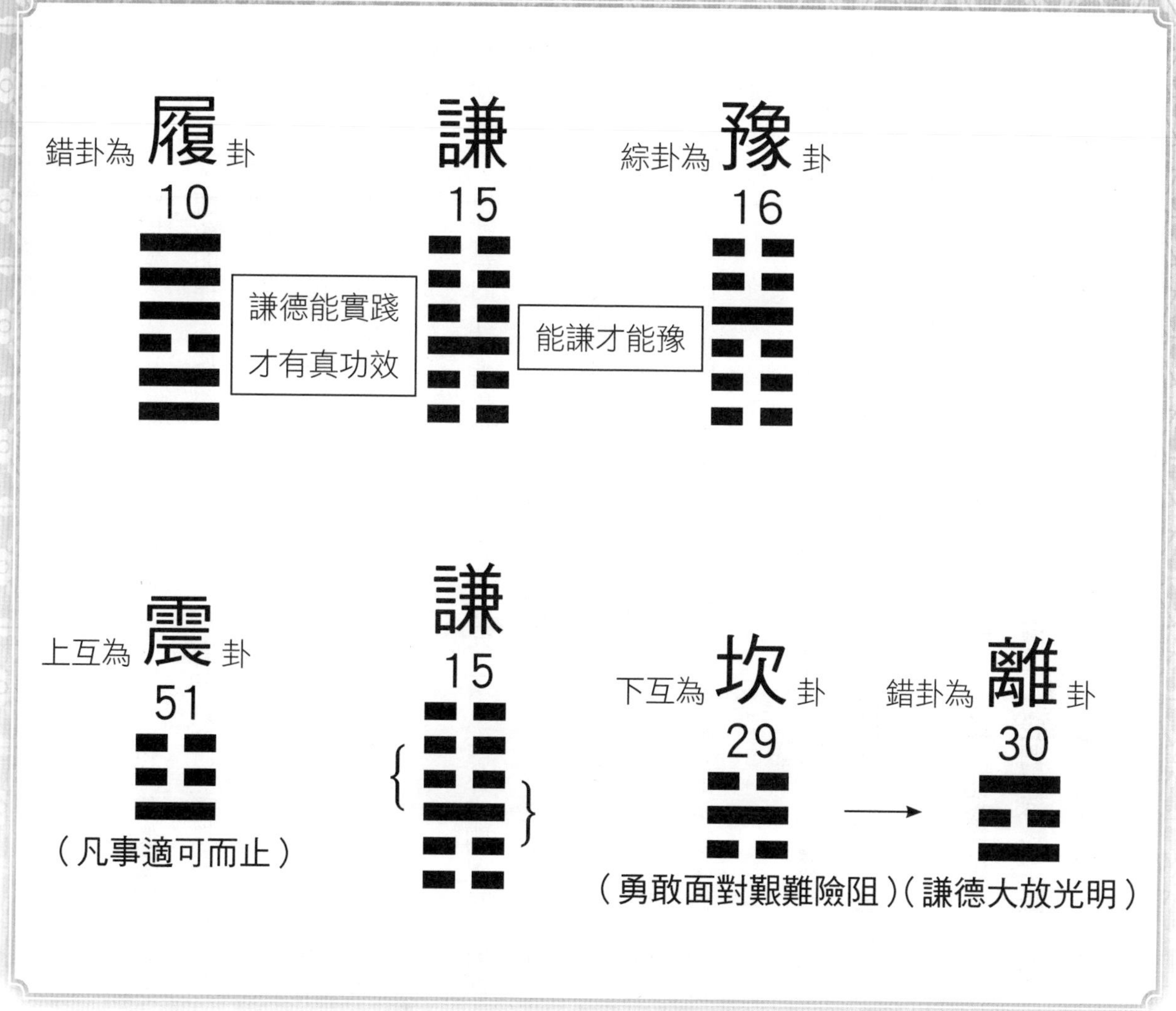
錯卦為 履 卦
10
謙
15
綜卦為 豫 卦
16
謙德能實踐
才有真功效
能謙才能豫
上互為 震 卦
51
（凡事適可而止）
謙
15
下互為 坎 卦
29
錯卦為 離 卦
30
（勇敢面對艱難險阻）
（謙德大放光明）

1 道不可見，所以聖人用「象」來表示，稱為「示象」。希望我們按照看圖識字的方式，觀象明理，從易象中悟出易理。所有的道理，都應該和卦象相符，才能得到合理的解釋。

2 觀象的方法，首先從卦序看出先後卦的關係，嘗試做好定位，把中心意義確立下來，以便觀察時有所依循。然後從卦名和卦辭，配合彖傳的說明，進行觀象。

3 卦分上下，也就是內外，看是陽卦或陰卦，探究上下、內外之間，是相成或相害，是連貫或相對？就六爻的陰陽性質，觀看其當位不當位？彼此之間，相應不相應？再尋找全卦主爻，或上下卦的主爻，做出全面性判斷。

4 再從互體的象，上互、下互以及錯卦、綜卦，探討其中的關係和變化，做出更為寬廣的想像，以期更周全地觀看卦象，體會其中蘊含的道理，做出綜合性判斷。

5 還有同體的卦，也就是整體看起來，十分相似的卦。以謙卦（䷎）為例，同體卦便有剝卦（䷖）、豫卦（䷏）、師卦（䷆）、比卦（䷇）、和復卦（䷗），都屬於一陽五陰的卦。

6 我們以前看卦，並沒有這樣仔細。現在以謙卦為例，做出比較詳細的觀卦，實際上還有數和理，連貫成為「象數理一貫之道」。我們在分析了謙卦六爻的爻辭之後，再來把謙卦的象數理做一番說明，更能深入瞭解謙德的可貴。

《第六章》

謙卦六爻
有什麼啟示？

謙卦下艮ㄍㄣˋ上坤，象徵地中有山，
山勢崎嶇巍峨，地勢厚德能容。

謙謙君子，必須謙之又謙，
先把下山「艮ㄍㄣˋ謙」修好，再修上地「坤謙」。

謙德令人賞識，自然聲名遠播，
機會更多，助力更大，更加需要謙謹。

修己安人，先修好自己的謙德，
再發揮影響力，促使他人重視謙德。

對於不服德化的人，可以加強討伐，
先收服自己人，自然能夠號召他人。

謙卦沒有物極必反的情況，
象徵謙虛不可能過分，不必擔心。

一．初六謙謙君子足以自養

君子必須是具有品德修養的人，至於在位或不在位，其實並不重要。「小人」指品行不良，傷風敗德，日趨下流的人；「謙謙」君子，則是態度謙恭、虛心禮讓，謙卑而不自大的有德人士。謙卦（䷎）初六爻辭：「謙謙君子，用涉大川，吉。」「涉大川」即涉越險阻。初六以陰爻居陽位，雖不當位，卻有柔順謙虛的修養，用來涉越險阻，當然可獲吉祥。

小象說：「謙謙君子，卑以自牧也。」「自牧」是自我約束的意思。謙卦艮下坤上，象徵山在地中。地中的山，原本比地高，卻能自我抑制，以至於比地還要低。初六又是整座山的最低點，實在是低得不能再低，非常的謙卑。君子具有這樣的心態，至少可以有下述三大好處：

1 欲望較少，因而機會相對增加。對於初次求職的人而言，很容易找到工作，不致畢業即失業，而心生苦悶。

2 位雖卑下，並非卑賤。人雖謙卑，不致受辱。能卑下就能涉水，能自牧即能行險。整個謙卦，看起來有坎險的象，卻也有渡河的象徵，所以說「利涉大川」，而且「卑以自牧」。這兩種說法，都和謙卦的卦象有關，有助於聯想。

3 「謙謙」有謙之又謙的意思。初六居謙卦的初位，又柔順自牧，所以稱為「謙謙」。但是下卦為山，本身具有堅定不移的力量。初六是山的底部，更是負載龐大的重量。初六具有實力，能夠謙虛禮讓，才有資格稱為「謙謙」，也才有能力承擔重責大任，這樣的君子，既容易獲得工作，又可以勝任，自己先能養活自己，再依情勢求取上進，當然吉祥。

謙 ䷎ 15 初六，謙謙君子，用涉大川，吉。

初六以陰爻居陽位，又居全卦最下方的位置，象徵初出茅廬，不可以要求太高，才能順利獲得工作機會。年輕人不宜心態孤傲，或自視甚高，必須抱持謙虛、恭敬、謹慎的態度，才容易獲得上級的賞識和提拔。這樣的謙謙君子，不管到什麼地方，都會受人歡迎，當然吉祥。

謙謙君子，是做人的最佳起點。

二．六二堅持貞正名聲外揚

謙卦（䷎）彖（ㄊㄨㄢˋ）辭說：「謙亨，天道下濟而光明，地道卑而上行。天道虧盈而益謙，地道變盈而流謙，鬼神害盈而福謙，人道惡盈而好謙；謙尊而光，卑而不可踰；君子之終也。」《易經》每卦六爻，分成「天、人、地」三才。初、二兩爻為地道，三、四兩爻為人道，而五、上兩爻則為天道。謙能夠亨通，是由於謙德包有三才，天道、人道、地道，都和謙有密切關係。天氣下降使萬物生長，並以日月的光輝，使世界充滿光明。地氣受到日光的普照，上行以應合天時，雖然地勢卑下，卻能成育萬物。謙卦下艮（ㄍㄣˋ）象徵天道下濟，上坤表示地道上行，所以亨通。天道對盈滿的予以減少，用來增益謙虛的。地道改變盈滿的，用以充實謙虛的。鬼神危害盈滿的，設法施福謙虛的。人類憎惡盈滿的，喜歡謙虛的。謙虛的君子位居尊貴，更顯得光彩耀人。即使位居卑下，其道德修養也難以被他人超越，所以始終能夠吉順。

六二爻辭：「鳴謙，貞吉。」小象說：「鳴謙，貞吉，中心得也。」六二以陰爻居陰位，得位而吉。又處下艮（ㄍㄣˋ）的中位，居中得正。由於九二、六四、六五互震，即為雷，而六二和九三親比，有雷鳴之象。象徵只要堅持合理的貞正操守，便能聲名遠揚，為大家所欣賞。六二的聲名，並不是虛的、經不起考驗的，所以心中當之無愧，顯得心安理得。這種實至名歸的謙虛美譽，使大家願意發自內心地加以宣揚。前提是六二必須自己有實力，才能承受得起。倘若缺乏實力，那就成為「心虛」，而不是「虛心」，哪裡能夠心安理得呢？

謙 ䷎ 15

六二，鳴謙，吉。

六二以陰爻居陰位，又是下艮ㄍㄣˋ的中爻，居中得正，表示謙德的修養良好，深獲上級好評，已經提升到相當的位置，而且聲名遠播。由於九三、六四、六五互震，六二在震的下方，有雷鳴的效果，所以說「鳴謙」。同時六二、九三、六四互坎，仍是險阻當前，所以必須時時提高警覺，心中才能坦然。

受到賞識而聲名遠播，不必介意有人譏諷。

三．九三勞謙君子全卦主爻

謙卦（䷎）九三爻辭：「勞謙，君子有終，吉。」小象說：「勞謙君子，萬民服也。」九三以陽爻居陽位，又與上六相應。卻因為一陽爻居眾陰爻之中，六二、九三、六四互卦為坎，九三正好居於互坎的中位，有「陷、勞、憂」的象徵，所以稱為「勞謙」。是有功勞、有貢獻、負重責大任，而且還能夠謙虛、不自大、不自滿，表現出始終如一的君子風度，當然獲得吉祥。一個人若是平凡而沒有貢獻，那麼謙虛是應該的，說起來也是一種藏拙，免得出醜。然而一個人有功勞、有貢獻時，難免會因為人不知而感到憤怒，認為別人缺乏見識，簡直是井底之蛙，對外界的狀況，根本不知曉。如果大家知道，也表達了敬意，當事人便不免沾沾自喜，自認為了不起，而失去了應有的謙虛美德。「勞謙」表示難得的謙虛、禮讓，顯得君子果然始終如一。譬如大將軍戰功顯赫，受獎賞時，卻將功勞歸於殉難的將士。又如功績卓越者，在接受獎勵時，把功勞讓予同事。常見領獎者再三感謝自己的父母、老師和朋友，若是出於真心誠意，便是勞謙君子，十分令人敬佩。政治領袖若能如此，必然萬民敬服——並不是佩服他的功勞、貢獻、成就，而是敬佩他這種「勞謙」的精神，高而不傲，至為難得。

九三是謙卦的主爻，也稱為卦主。因為全卦只有這個陽爻，位居山頂上的位置，仍然謙虛。倘若沒有九三這一陽爻，便不成「地中有山」的象，可見其重要性。「勞謙」的意思，還可以擴大為勤勞而且謙虛。不居功，也不辭勞苦，卻能夠始終保持謙虛的美德，真的令人非常敬佩！

謙 15

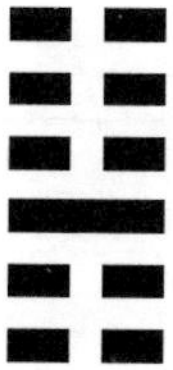

九三，勞謙，君子有終，吉。

九三以陽爻居陽位，當位有所得。這時來到下艮ㄍㄣˋ的山頂，雖然備極辛勞，而且有貢獻、有成就，卻能夠保持謙虛的美德。使人覺得功高而不傲，勞苦也無怨。上下都服——不是服九三的貢獻，也不是服九三的勞苦，而是服九三的謙德，能夠堅持到下艮ㄍㄣˋ的終點，象徵修好了艮ㄍㄣˋ謙的功夫，當然吉祥。

功勞再大，貢獻再多，還是能夠堅持謙恭禮讓。

四．六四自然而然發揮謙德

謙卦（䷎）下艮上坤，同樣是謙，卻有「坤謙」和「艮謙」的不同。謙謙君子，需要以謙卑的心態來約束自己。謙虛美德名聲遠揚的「鳴謙」，還需要堅持貞正才能獲吉。到了「勞謙」的階段，已經顯得「君子有終」，下卦艮謙的修養，至此告一段落，可以說自我充實的功夫已告完成。上卦坤德，即將發揮謙的能量，以柔克剛，能夠無往而不利了。

「謙之又謙」，前面一個「謙」指「艮謙」，後面的「又謙」，便是「坤謙」。從六四開始，即將自然而然地發揮良好的功能。

謙卦六四爻辭：「无不利，撝謙。」小象說：「无不利，撝謙，不違則也。」「撝」的意思是發揮，「撝謙」即發揮謙德的功能，「不違則」便是不違背謙虛的原則。六四以陰爻居陰位，又是上坤的最下位，上對六五，下對九三，都能夠發揮謙的美德，所以無往而不利。「不違則」若是出於勉強，那就是「偽」謙——偽裝的謙德，是虛偽，很快就會被識破。必須自然而然，毫不造作，才是撝謙，足以發揮謙的力量。

六四居九三之上，稱為「柔乘剛」，通常這種情況並不好，但在謙卦這個大環境下，六四對九三，必能自守柔順、謙讓的美德，不可能稍有驕態。六四上順六五，下對九三謙虛禮讓，當然无不利。彼此真誠相待，絲毫不勉強。

上坤是純陰，下艮畢竟屬於陽卦。地勢坤，山勢巍峨，水勢洶湧，火勢猛烈，同樣是勢，性質並不一樣。下艮仍有向上衝的氣勢，在偉大中力求平凡。上坤向下包容，在平凡中見偉大。由此可見，坤謙所受的阻礙，要比艮謙少得多。

謙 15

六四，无不利，撝ㄏㄨㄟ謙。

六四以陰爻居陰位，當位，雖然在九三之上，卻表現得順柔可親，並沒有柔乘剛的現象。因為上卦為坤，六四是坤德的開始。象徵已經修好「艮ㄍㄣˋ謙」，開始要修「坤謙」，打算發揮謙德的能量，由修己而安人。能夠有這樣的決心和毅力，當然是無往而不利。

妥當發揮謙德的影響力，無往而不利。

五、六五謙德極盛正己正人

謙卦（䷎）六五爻辭：「不富以其鄰，利用侵伐，无不利。」小象說：「利用侵伐，征不服也。」「不富以其鄰」，意思是不和左右、前後、上下的人，在富貴方面有所計較，反而容易產生更大的影響力。六五以陰爻居陽位，又是上坤的中爻，是「小」的象徵。以小居中，有不富之象。九三、六四、六五互震（☳），象徵具有震動的影響力，即為「以」。通常富貴的人士，比較容易獲得鄰人的幫助和奉承。六五不富，卻能發揮巨大的影響力，主要是謙德極盛、令人心服的緣故。這種得來不易的影響力，必須用來正己正人，發揮修己安人的效果。「利」是宜的意思，六五性質柔順，怎麼適宜用來討伐呢？當然是由於得人心，而有人願意出死力所產生的力量。這種力量，只能用以征討不服德化的人，並不能夠用來侵略他人。只有「征不服」，才會「无不利」。

一般人興師動眾，全憑自己的富貴足以威攝眾人。或者出錢獎賞，以求勇夫。謙卦六五，既不以富動員眾人，也不以貴吆喝大家。他所憑藉的，是平凡中顯現偉大的謙虛美德、謙讓美名，讓大家受到感動，於是心甘情願、毫無計較、不望回報的出死力，一起討伐那些不服德化的人。倘若是存心侵略，那就不吉了！因為違反了謙德的原則。

六五質柔，自然有人佐以威武。由於六五謙德極盛，這些威武的力量，才能用在正當途徑，不致引起懷疑。謙卦說的「侵伐」，實際上根本就用不著動武。只要大家同聲勸導，聲勢夠大，使那些不服的人受到影響，自然也就心服了。

謙 15 ䷎

六五，不富以其鄰，利用侵伐，无不利。

通常號召眾人，動員群眾，不是以富有的財力來利誘，便是用貴人的招牌來威脅。六五以陰爻居陽位，表示並不如此。秉持位居上坤中爻的正當性，發揮謙德的影響，不以富貴為號召，使眾人自願出死力，用來討伐那些不服德化的人，當然能夠无不利。

不僅自己謙恭，也要盡力影響他人重視謙德。

六。上六聲譽遠播不失謙謹

謙卦（䷎）上六爻辭：「鳴謙，利用行師，征邑國。」小象說：「鳴謙，志未得也；可用行師，征邑國也。」

由於六五堅持謙德的原則，一方面禮賢下士，以謙恭的態度，對待同樣謙虛的君子；一方面透過影響力，促使那些不懂謙德，或者心有不服的人，也能夠重視謙德而心悅誠服。上六以陰爻居陰位，自然更加聲譽遠播，所以再一次「鳴謙」。六二「鳴謙」，是居中得正，而且九三、六四、六五互震，六二在互震下方，有雷鳴之象。上六則在互震的上方，不是被九三親比、賞識而聲名遠揚，而是與九三正應，為大眾所敬仰、爭相頌揚的結果。上六出自群眾的「鳴謙」，當然勝過六二主要來自上級賞識的「鳴謙」。這種受到群眾擁戴，卻能不失謙謹的「鳴謙」，適宜用來興師動眾，促使國內人士普遍重視謙德，進而揚名國際，使外國人士也都知道我們乃是以謙立國。

六二「鳴謙」是「中心得也」，為什麼上六「鳴謙」，卻是「志未得也」？因為易卦通例，到了上位，便會呈現物極必反的情況，令人看到謙卦上六爻時，難免會有一種「能否全終」的懷疑？所以上六的「鳴謙」，一方面是群眾口耳相傳，一方面則是上六自己有所鳴，表現出「全終」的決心和毅力，這是謙卦非常特別的地方，為其他卦所不能及。可見謙卦並沒有過分的可能，必須持續謙謹，終生奉行。興師征服自己人，並非對外宣戰。先促使自己人重視謙德，再擴大影響到國際，是「平天下」的一種方式，現代話稱之為「影響力」。六五不以利誘、上六促使自家人重視謙德，對全世界而言，都是一種良好的示範。

謙 ䷎
15

上六，鳴謙，利用行師，征邑國。

上六以陰爻居陰位，固然當位，又與九三正應，當然很好。但是易卦通例，凡事發展到極端，一卦發展到上位，都有物極必反的現象，只有謙卦例外，仍然可以「鳴謙」，用實力來發揚謙德，還可以憑謙德來有所作為，合理表現在興師動眾，用以促使自家人重視謙德，務求揚名國際，收到平天下的效果。

國內普遍篤行謙德，揚名國際，以平天下。

我們的建議

1 謙卦（䷎）安排在大有卦（䷍）之後，提醒大家：一旦大有，就很容易因為驕傲而招致敗亡，必須趕緊以謙恭的態度、謙虛的心情，來長久保持大有的豐盛，如此才能吉祥。

2 「謙」字「言」旁，表示說話不能自滿，有德也不能自誇，這種恭敬退讓的謙德，最好在自己修養之餘，也能夠兼善天下。大家互相敬重，彼此篤行謙德，生活得十分愉快，這才是值得追求的幸福。人人講謙德，大家都有福。

3 「謙之又謙」——「謙之」指修己，先把自己的謙德修好；「又謙」即安人，發揮謙德的影響力，促使不服德化的人，也能夠重視謙德。換句話說，先修好下卦「艮謙」，還要發揚上卦「坤謙」的精神，以柔克剛，使大家都能謙恭敬慎。

4 九三以一陽處群陰之中，倘若不是具有「勞謙」的美德，怎麼能夠贏得五陰的一致讚美？可見九三俱足了：功高不驕亢、貢獻大卻不居功，再加上「人不知而不慍」的修養。

5 反過來說，九三在群陰之中，受到眾多、柔和、謙順的影響，又沒有其它的陽爻相對抗，有助於化除原本暴戾自大的習氣。所以勞謙之餘，也應該心存感謝。

6 有實力能謙虛才是美德。沒有實力，不得不低聲下氣，這是因循懦弱，不能夠無往而不利；反之，有實力卻不能謙虛，那就是自作自受，等著遭受無情的打擊，也不可能无不利。

《第七章》

如何看待
謙的象數理？

《易經》透過象、數的互相印証，
可以參悟背後所蘊含的道理。

「象」就是現象，「數」便是數據，
有現象也有數據，更需要說出道理。

現象與數據能配合，或不能相合，
其中必然有一定的道理，要仔細研判。

象數理一以貫之，比較容易瞭解真相，
不能一貫時，務必細心考察、用心思慮。

謙卦慎始善終，務必從妥當話說起，
對方樂於接受，自己也表達了謙虛的心聲。

從綜卦、錯卦來相互比較，
更能領悟謙卦的象數理。

一・謙卦象徵慎始得以善終

我們常說「慎始善終」，乍聽之下，還以為慎始必然善終。事實上並不一定，有時候慎始可以善終，有時候慎始卻無法善終。謙卦（䷎）是六十四卦當中，唯一能夠慎始善終的特例。

從卦象來看，下震上坤，象徵外圓內方，外柔內剛。以柔順開始，也以柔順結束。當中有一陽爻，剛好位於下艮的上位，表示原本有能力，矗立於大地之上。現在卻謙恭禮讓，願意屈居低位。好像有才華的君子，不但不以才華傲人，也不以德行自居。保持樂天知命的心態，堅持不與人爭的原則，逐漸由「謙謙」、「鳴謙」、「勞謙」、「撝謙」、「用謙」，最後以「鳴謙」圓滿結束，不但具有堅強實力，而且深得圓通的要旨。六十四卦之中，除了謙卦之外，各爻的爻辭，多少都有一些不吉的警示。只有謙卦，各爻皆吉，實在非常難得。值得大家用心玩味，以體會謙卦的美妙。

再看各爻的數，六二、九三、六四、上六當位。六二居中得正，奠定堅實的良好基礎。九三為下艮的究位，不但不像一般位居下卦上位的九三那樣，常因陽剛亢進而多凶危。而且全卦五陰都能以柔順相配合，使九三成為謙卦的卦主。表示謙德的力量，確實深入人心，不同凡響。

把謙卦的象和數合起來看，正好符合「動、入、深、顯、靜、代」的順序，自然發展，絲毫不勉強，更顯得合乎人性的要求。普遍受人歡迎，無往而不利。從小養成謙恭有禮、謙虛實在、合理禮讓的良好習慣，一生堅持謙的美德，當然能夠慎始而善終。

謙

15

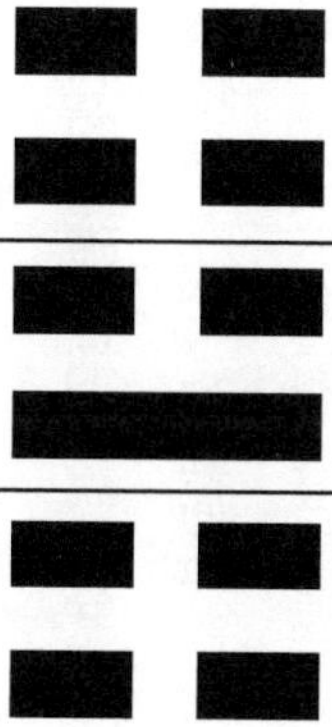

上六	6 鳴謙	第六爻（代）——轉化自己的謙德為大眾的謙德	天道
六五	5 用謙	第五爻（靜）——發揮自己的謙德影響不服的人	
六四	4 撝謙	第四爻（顯）——順乎自然不違法則無往而不利	人道
九三	3 勞謙	第三爻（深）——君子自強不息終能深入令人敬	
六二	2 鳴謙	第二爻（入）——自己堅貞守正位中而心志益謙	地道
初六	1 謙謙	第一爻（動）——初入社會即能以謙謙君子自居	

二 做人先從說妥當話開始

謙卦（䷎）起於內心的謙虛、禮讓，必須透過言行表現出來。謙卦下艮（ㄍㄣˋ）上坤，一陽五陰，象徵內心堅強。而言行態度，則十分圓通。謙字「言」旁，表示說話得體，不致傷害他人。「兼」的意思，是兼顧。兼顧什麼呢？兼顧自己和別人的觀感和立場，站在將心比心的基礎，把話說得妥當。中華民族在這一方面，深受易理的影響，採取相當獨特的方式，和其他民族大不相同。我們不用「實在」、「不實在」，或「欺騙」、「不欺騙」這種虛而不實的「二分法」，認為「不說實在話便是欺騙」，肯定「不欺騙就應該說實在話」。我們採用的是「三分法」，「既不欺騙，也不說實在話」。我們所要說的，幾乎都是「妥當話」。稍微深入一些，仔細觀察，冷靜研判，便知道在中國社會若是欺騙他人，會使自己良心不安，而且很快就會被揭穿，十分痛苦。但是說實在話的結果，往往十分淒慘，至少也不受歡迎。多少人一開口便成烈士，死得很難看。就是不明白說話應有的謙德，完全是自作自受。怪不得別人，也推不掉責任。

謙卦下艮（ㄍㄣˋ）上坤，象徵得先修「艮（ㄍㄣˋ）謙」，然後才夠資格修「坤謙」。「艮（ㄍㄣˋ）謙」以「適可而止」為主旨，我們當然不能欺騙，但是說實在話時，也應該適可而止，不能過分直率，令聽者受到傷害。平心而論，說實在話不是目中無人，便是口沒遮攔，實際上，都很不合乎謙德的要求。既然要兼顧自己不能欺騙，而他人又很難接受我們的忠言逆耳，因此說實在話的時候，應該要適當地加以調整。所以隨時隨地，都以常說妥當話為宜。

謙

15

言

「言」即說話，

用以表達謙虛的心聲。

兼

「兼」為兼顧，

兼顧說和聽雙方的感受。

不能說實在話 —— **以免** —— 聽者很不願意接受。

不能欺騙 —— **以免** —— 聽者很快就會加以揭穿。

最好說妥當話 —— **務求** —— 聽者樂於接受。

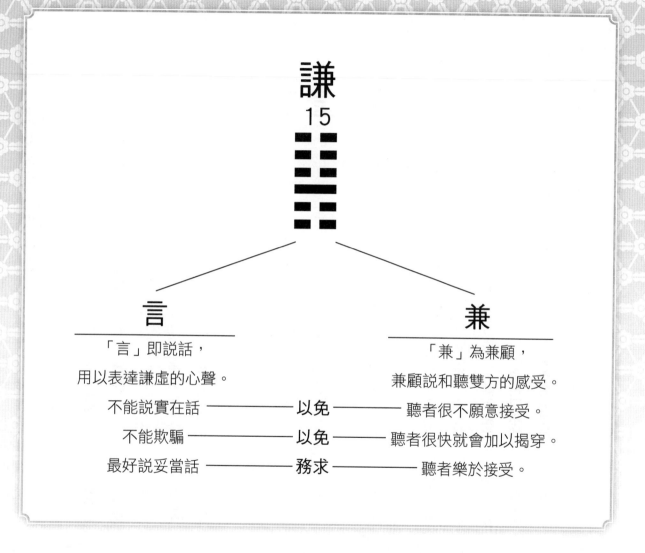

三、把一陽五陰的卦比一比

六十四卦當中，有六個一陽五陰的卦，那就是復卦（䷗）、師卦（䷆）、謙卦（䷎）、豫卦（䷏）、比卦（䷇）、剝卦（䷖）。其中屬於陰包陽（一陽被五陰所包圍），與感情具有密切關係的，則有師、謙、豫、比四卦。

師卦（䷆）的九二，為全卦主爻，接受六五的全權委任，統率上下五陰與師征戰。雖然年輕，也能剛中而應，做出良好的表現，在上下同心的氣氛下，完成艱鉅的任務。

謙卦（䷎）九三為全卦卦主，受到五陰衷心的敬重，卻能勞苦功高而不驕亢，謙虛有禮而不自誇。完全沒有恃才傲物、恃寵而驕、恃富凌人的不良習慣。

豫卦（䷏）的九四也是主爻，以一陽爻而應上下五陰爻，要旨只在一個「誠」字，獲得與眾同樂的無比喜悅。

比卦（䷇）的九五，以陽爻居中位，有顯比的象，表示以光明正大的原則來做人做事，自然成為卦主。

易理以稀為貴，一陽五陰，陽為稀而貴，所以都成為主爻，也就是卦主。象徵陽爻在眾陰爻包圍的氣氛下，顯得特別重要。可以說都是眾人矚目的人士，影響力很大。由於「二多譽、三多凶、四多懼、五多功」，師卦和比卦的陽爻，比較容易行事。而謙卦、豫卦的陽爻，想要達成預期的使命，則必須加倍努力。特別是謙卦九三，能夠擺脫常見的凶危，獲得「勞謙」的美名，更是難能可貴。

象、數、理的一以貫之，從師、謙、豫、比四卦的比較當中，可以獲得進一步的瞭解，只要多多體會，必能有更深的領悟。

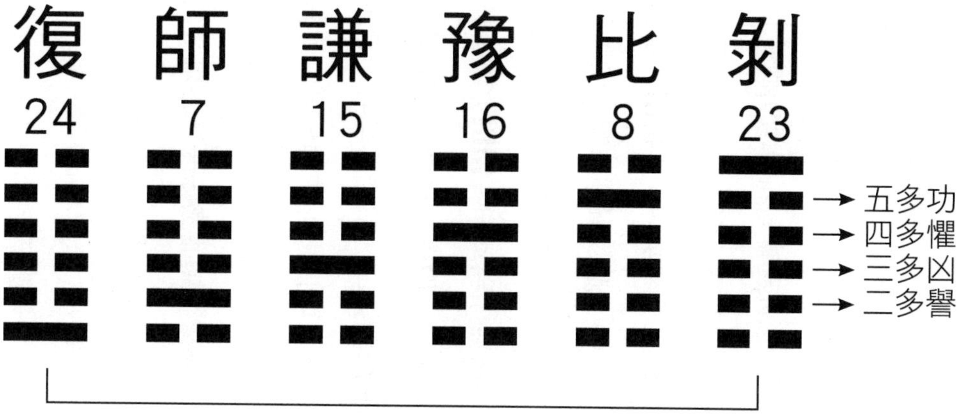

一陽五陰
似陰包陽
充滿感情
陽稀為貴
成為卦主

四、從綜卦和錯卦觀看謙卦

「綜卦」的意思，是全卦顛倒過來——初爻變上爻，二爻變五爻，三爻變四爻，四爻變三爻，五爻變二爻，而上爻則變為初爻。謙卦（䷎）的綜卦，便是豫卦（䷏）。〈序卦傳〉指出：「有大而能謙必豫。」把豫卦安排在謙卦的後面，表示大有發展的人士，倘若謹守謙卦的法則，必然能夠獲得內心的悅樂。宇宙萬物，前後、左右、上下、正反，都互相對待。《易經》六十四卦，除了乾為純陽、坤為純陰之外，其餘六十二卦，都是有陰有陽。這些互相對待的事物，又有其相通的道理。綜卦的關係，可以說是本質不變，而現象有異。六十二卦之中，除了坎卦（䷜）、離卦（䷝）、頤卦（䷚）、大過卦（䷛）、中孚卦（䷼）、小過卦（䷽）正反都一樣之外，其餘五十六卦，都各有綜卦。兩者意義相對，卻能相合為一體。最好合起來看，不要分開來想，更為貼切。

「錯卦」的意思，則是陰陽交換，陰變陽，陽變陰。最明顯的錯卦，就是乾卦（䷀）和坤卦（䷁）。八卦之中，還有水（☵）火（☲）相錯，風（☴）雷（☳）相錯，山（☶）澤（☱）相錯。兩卦的陰爻和陽爻，完全相錯，所以也稱為「旁通卦」。有正必有反，實則兩者同時同處存在，相輔相成，交替作用，使萬物有機會得以生存發展。謙卦（䷎）的錯卦為履卦（䷉），表示謙德不能光憑口說，講得再美、再動聽也沒有用。除非確實躬親實踐、一步一步向上精進，否則便無法產生真實的效果。

從綜卦和錯卦回過頭來看謙卦，應該可以看得更明白。我們隨後將把豫卦和履卦，也做出一番說明。

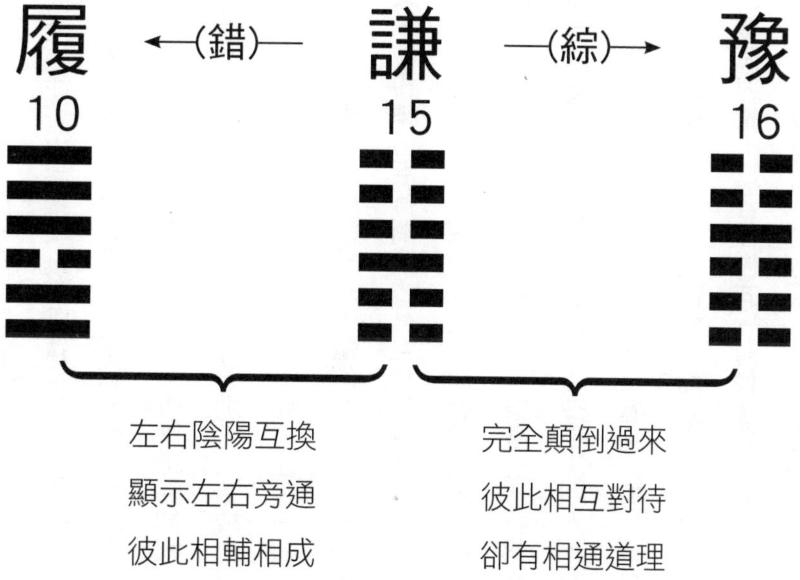
履
(錯)
謙
(綜)
豫
10
15
16
左右陰陽互換
顯示左右旁通
彼此相輔相成
完全顛倒過來
彼此相互對待
卻有相通道理

五．不在言語行為鋒芒樹敵

依易數看，謙卦（䷎）的初六和六五兩爻，以偶數爻居奇數位，稱為「失位」或「不當位」。初六象徵初出茅廬的年輕人，總是希望能在最短時間內，獲得豐厚的第一桶金。或者出奇招，裝成怪模樣，使大家知道這是一個不平凡的人。於是，動不動就想要設法引起眾人的注意。最簡便的方式，莫過於言語鋒芒或行動鋒芒，而這兩者，正好是謙卦的大忌。所以謙卦初六，不以奇數爻來表象，改用偶數爻來示警：言語鋒芒，經常會得罪別人，造成自己的阻力；行動鋒芒，往往招來他人妒忌，成為自己的破壞者。年輕人往往一開口便得罪人，一行動就惹人妒忌，以致阻礙重重，樹敵多多，還認為是大家缺乏欣賞能力，打壓能幹的人。如此一來，便和謙道漸行漸遠，甚至於對謙道喪失信心。

六五更是難得，任何人來到這個地位，由於有錢有勢，難免會利用財富引誘人、透過權勢威脅人。謙卦六五，以陰居正位，象徵雖然有錢有勢，卻不採取威脅利誘的方式，而是以謙德感化眾人。這些受到感化的人，和那些不受感化的人，自然形成相對的族群。於是受到感化的人，看到六五居尊貴之位，卻仍保持謙讓的品德，不但不與比鄰爭富貴、比富貴，而且還擔負廣施謙德於天下的重責大任，必然會自動發揮力量，以各種形式，討伐那些不服德化的人。

六五雖不當位，但能善用謙德的力量，也可以獲得吉利。年輕時不露鋒芒，實事求是；年長居高位時，更應該時時保持謙德，以德服人。自然己安人亦安，大家都愉快。

謙

15

六五：以偶數爻居奇數位，不當位 → 若是改成奇數爻，很可能採取威脅利誘的方式，豈不是前功盡棄，不能獲得善終？

初六：以偶數爻居奇數位，不當位 → 倘若改成奇數爻，一開始便偏離謙德，豈不是到處樹敵，給自己設下很多絆腳石？

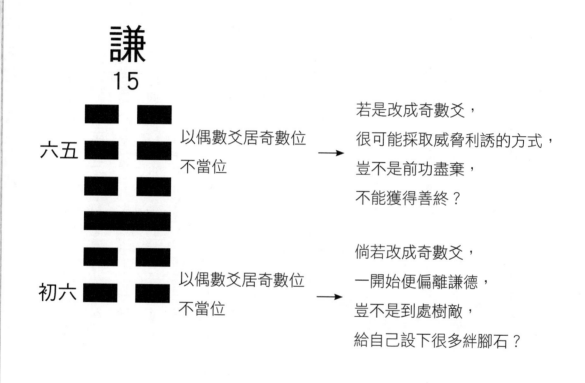

六、謙是易經人生哲學關鍵

謙卦（䷎）的力量，當年周文王就曾經親身體驗過。殷紂王由於天資聰穎、反應敏捷、身強體壯，加上能言善辯，使他變得非常自負，絲毫不懂謙虛，更不能禮賢下士。人民看到紂王的暴虐自大，紛紛由失望轉而怨恨。對於那些開始背叛的諸侯，紂王採取「炮烙」刑罰，至為殘酷。文王尚為西伯時，聽到紂王殘暴，暗自嘆息，卻為紂王親信崇侯虎告發，因此被囚禁於羑里，長達七年時間。幸虧大臣極力挽救，才被赦免。西伯回到故里後，表明願意獻出洛西地區，請求紂王廢除炮烙酷刑。他自己則修明政治、踐行謙德，把周國建設成一個禮義之邦。諸侯有感於文王的賢德，紛紛主動仿傚。由文王到孔子，五百餘年間，是炎黃子孫最為講求謙德的時期。周文王演易時，以謙卦為中心。統貫六十四卦的，就是「謙」（也就是「誠」）的精神。

《易經》的人生哲學，實際上是以「謙」為主要關鍵。從乾卦（䷀）開始，用九「群龍无首」。接下來坤卦（䷁），用六「利永貞」。泰卦（䷊）坤居外而乾居內，倘若不能守謙，一旦反轉過來，便成為否卦（䷋）。但無論身處否泰，都應該以謙為重。唐朝郭子儀在五十多歲以前，一直擔任基層軍官的職務。安祿山造反時，唐肅宗才重用他前去平亂。然而獲得勝利後，卻換來肅宗的猜疑，把他的兵權交給別人，郭子儀毫不在意。肅宗死後代宗即位，也擔心郭子儀功高難制，居然派他去守肅宗的墳墓。到了七十九歲高齡時，才又被代宗請出來平定另一場亂事。郭子儀的一生起伏不定，都是以謙德安然渡過。並能自得其樂，十分難能可貴！

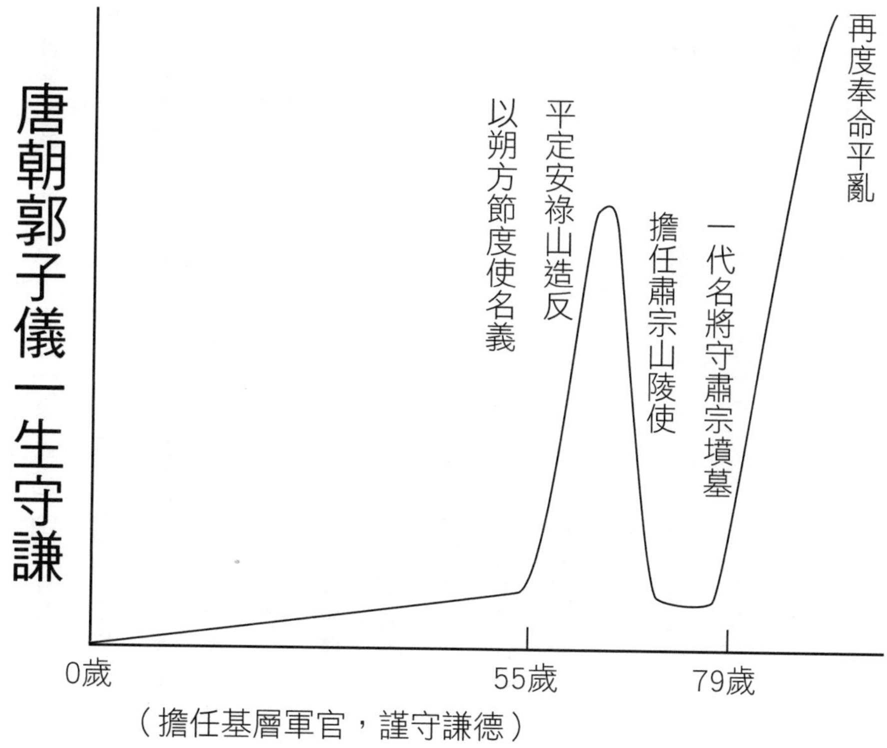
唐朝郭子儀一生守謙
以朔方節度使名義
平定安祿山造反
擔任肅宗山陵使
一代名將守肅宗墳墓
再度奉命平亂
成為歷史上守謙的精神代表
0歲
55歲
79歲
（擔任基層軍官，謹守謙德）

我們的建議

1 謙卦（䷎）卦象，艮下坤上——內卦「艮」象徵山，外卦「坤」象徵地，表示一個人內心知道抑止，外表顯得柔順，這就是普受世人歡迎的謙虛態度。

2 從數來看，艮為五畫屬奇，坤共六畫為偶。奇數為陽，而偶數屬陰。謙卦內陽外陰，表示內心很爭氣，也力求上進，但是外貌溫順，待人和氣。是內方外圓、內剛外柔。內心堅持原則，外表十分隨和的圓通，並不是圓滑。

3 把謙卦的象和數合起來看，自然的景象，原本是山高地低。謙卦內艮外坤，高山將自己貶低到地中，是謙虛的形象。本來是高山陽剛而地陰柔，謙卦艮奇在下，坤偶在上，高山低調得把自己置入地中，顯得十分謙遜。

4 謙卦的初六不當位，卻能夠積極地有所作為，使人覺得不是心虛（怕人家發現自己沒有實力，或者並不積極），而是真正的虛心（積極努力而態度謙恭不自大）。

5 謙卦六五不當位，卻能夠以德服人，使大家樂於效命，盡力為他討伐那些不服德化的人。其餘四爻當位，都由於謙德而獲得吉祥。全卦六爻皆吉，是謙卦最難得的成果。

6 由謙卦（䷎）的象和數密切配合，我們可以推論出背後看不見的道理，那就是為什麼自古以來，大家對謙虛這種美德會如此重視。相信這種良好的品德，必然會永遠為世人所讚揚稱許。

《第八章》

豫卦六爻
有什麼啟示？

豫的意思，是得意、喜樂。
豫卦坤下震上，象徵順動、安和。

一人獨樂，勢必引起眾人的不安，
甚至於產生反感和憤怒，不能安和。

眾人同樂，還需要順動，
適時、適性，並且樂得有意義。

我們由「鳴豫」、「貞吉」、「盱ㄒㄩ豫」到「由豫」，
逐步摸索豫道的真諦，瞭解悅樂的奧妙。

還要顧慮領導者的心情和雅量，
凡事適可而止，豫道也不能例外。

順著雷出地奮的自然景象，
用心體會自由合宜的喜樂言行。

一 ◦ 初六鳴豫象徵得意忘形

豫卦（䷏）和謙卦（䷎）一樣，都是一陽五陰。而且初、上兩爻都是陰爻，屬於陰包陽的卦象，和感情有密切的關係。下卦為坤，上卦為震。我們看到大自然雷聲迸發，使大地震奮的景象，很容易聯想到人間的悅樂。所以豫卦卦辭說：「豫，利建侯行師。」我們常說「知足常樂」，表示天地生人，是希望人能常樂。不過有一個先決條件，那就是要知足。「利建侯」在《易經》中出現過多次，只有豫卦把「建侯」和「行師」連在一起。因為上卦震為雷，震盪的範圍約為一百里，和古時的諸侯封疆大抵相近，所以有「利建侯」的象徵。在這個有限的領域內興兵討逆，目的是為了使大家安居樂業。這樣的知足常樂，才能獲得真正的悅樂。

初六爻辭：「鳴豫，凶。」小象說：「初六鳴豫，志窮凶也。」初六以陰爻居陽位，並不當位。在全卦之中，只有初六與九四正應，難免得意忘形，自以為是，所以凶險。「志窮」的意思，是意志滿極，很容易心滿意足而目空一切。也可以說是貪得無厭，樂還要更樂，最後勢必樂極生悲，當然凶險。

小孩子受到讚賞，心中歡喜，從此聽不進難聽話，即為「鳴豫」。年輕人初出茅廬，得到上級賞識，便自鳴得意，不料因此引起同事妒忌，免不了要遭遇凶險。如果變本加厲，對上級提出更多需求，後果如何，應該可想而知。

鳥鳴求友，人鳴招忌。當眾表現出自己的得意，以致意志難伸，是不是得不償失呢？「鳴」不見得不好，但必須得其時。初六的「鳴」，乃是不當其時，所以凶。

豫 ䷏

16 **初六，鳴豫，凶。**

初六以陰爻居陽位，並不當位。象徵本身柔弱，卻喜歡誇張聲勢，稍有表現，便自鳴得意，所以凶險。我們常說「小時了了，大未必佳」，便是小時候受到讚揚，很容易自認為了不起，而放棄了努力。長大以後，才知道人上有人，到時候想努力也來不及了！少年得志，不是志氣太小，便是心目中沒有他人的存在。心滿意足而目空一切，當然凶險。

心中悅樂，最好不要自鳴得意，以免惹人討厭。

二。六二介于石能不忘憂患

豫卦（䷏）彖辭：「豫，剛應而志行，順以動，豫。豫，順以動，故天地如之，而況建侯行師乎？天地以順動，故日月不過，而四時不忒；聖人以順動，則刑罰清而民服。豫之時義大矣哉！」「豫」的意思，實際上有預備、預喜、預悅的不同層次。人要求上進，稍有心得便心生喜悅，這是十分自然的事情。但是悅在心中，還是喜上眉梢，就應該自行掌握。如果不能做好充分準備，在不合適的時機喜形於色，以致惹人妒忌，那就不如不豫了。「剛應」即九四爻以一陽與五陰爻相應合，象徵獨樂之外，還能夠與眾同樂，志向當然得以施行。下震為動、上坤為順，這種順性而動的喜樂，才是合理的表現。天地的自然現象，便是順性而動，所以日月運行、四季交替，都不會出差錯。聖人順性而動，刑罰清明，百姓自然心悅誠服。可見就悅樂而言，合乎時宜是多麼要緊！「建侯行師」，也要為民安樂而進行。

六二爻辭：「介于石，不終日，貞吉。」小象說：「不終日，貞吉，以中正也。」六二以陰爻居陰位，又是下卦的中爻，由於居中得正，所以貞吉。「介」是界的意思，「介于石」便是我們常用的以石為界，像石牌一樣嚴守界限，而且堅定不移。「不終日」指不能整天悅樂，沉溺於安樂之中，而失去警戒心。「死於安樂」即在提醒我們：在悅樂之中，仍應提高憂患意識。凡事適可而止，不宜過分。「不終日」還有深一層的意義——不必等到一天終了，才反省求改正，而是要時時刻刻提高警覺，喜悅中存有戒心。憂患中仍有喜樂，才能真正吉順。

豫 ䷏ 16

六二，介于石，不終日，貞吉。

六二以陰爻居陰位，又是下坤的中爻，居中得正，象徵經過「鳴豫」，吃盡苦頭之後，知所悔改。或有明師指點，或是自己領悟，躲過「鳴豫」的凶險，明白喜樂必須要有合理的界限，好像立石以為界那樣。而且不能等到一日結束，才來反省，最好能時時提高警覺，提醒自己不要過分，以免招惹是非。能夠顧慮他人的觀感，找到悅樂的合理點，自然貞吉。

喜樂要將心比心，顧慮他人的觀感，以求安和。

三．六三盱(ㄒㄩ)豫顯然趨炎附勢

豫卦（䷏）大象說：「雷出地奮，豫；先王以作樂(ㄩㄝˋ)崇德，殷荐之上帝，以配祖考。」雷悶在地中，不如雷聲振動出來，對大地的影響更大。獨樂樂不如眾樂樂，古代明君制作音樂來禮讚美德，目的即在與眾同樂，共同勉勵修養品德。遠古的殷商時代，人們的意識裡已經有「神」的存在。既有眾多的自然神祇，又有死去的祖先神靈，自然會聯想起一位至高無上的神，稱為「上帝」，也就是「天帝」的意思。透過盛大的祭典，把音樂獻給天帝，用以配享歷代祖先，溝通彼此的關係，共享喜悅。

六三爻辭：「盱(ㄒㄩ)豫，悔；遲，有悔。」小象說：「盱(ㄒㄩ)豫有悔，位不當也。」六三以陰爻居陽位，不當位，所以說「位不當也」。「盱(ㄒㄩ)」即向上看，引申為逢迎上級。九四是豫卦主爻，六三以柔承剛。也就是九四陽爻在上，六三陰爻在下，奉承討好迎合，這種喜悅並不正常，也不正當。最好能及早悔改，遲了必有所悔。還有深一層的解釋：基於《易經》「柔承剛則順而善」的道理，只要不存心討好，善意回應上級的旨意，應該是尊重上級的合理表現。不能因為第一次反應錯誤，心生後悔，從此便遲疑不定，不敢做出合理的回應，以致矯枉過正，也會招來悔恨。心術不正的與上同樂，有趨炎附勢的嫌疑，固然不好。對上級的悅樂，不能及時做出合理的反應，同樣會引起上級不滿，而遭受譴責。最好是誠心誠意，適時合理地與上級同樂，在嘗試錯誤中，尋求合理的度，以便互相適應，產生良好的默契，增強同心的效果。

豫 ䷏ 16

六三，盱ㄒㄩ豫，悔；遲，有悔。

六三以陰爻居陽位，有充能幹的傾向。而且位於下坤的上爻，很容易順得過頭，採取「盱ㄒㄩ豫」的態度。「盱ㄒㄩ」是向上看，迎合上級的喜悅。六三是下坤三爻中，最接近九四的一爻。而九四是豫卦的主爻，當然更加吸引六三的注意。九四有理由的正當悅樂，六三當然要順動，這才合乎豫卦的道理。但若是存心奉承，畢竟不妥。最好及早悔改，遲了就會後悔。不存心討好，善意回應上級的喜悅，這樣才是合理的。不能因為第一次反應錯誤，便從此遲疑不定，不敢做出合理的回應。

應該善意回應上級的喜樂，而不存心討好。

四．九四由豫誠心與眾同樂

豫卦的道理，主要是上下建立良好的輔助關係。上級像雷出於地那樣振奮，下屬應該要有柔順的合理反應。下坤三爻，初六居於始位，一開始就做出「鳴豫」的反應，是心目中沒有六二的存在，自然不為上級所欣賞，所以凶。萬一初六「鳴豫」，而上級反而賞識，不是不明白道理，便是存心利用初六，使六二難堪，結果內部不和諧，也是凶。經過不明事理的「鳴豫」，吃過若干苦頭之後，能夠自省改善，便有機會登上六二的中正位置。若是堅守合理的原則，自然貞吉。六三又高了一位，難免不當奉承而討好上級，所以有悔。

九四爻辭：「由豫，大有得；勿疑，朋盍(ㄏㄜˊ)簪。」「由」是理由，「由豫」即具有正當理由的悅樂，將大有所得。不需要懷疑，可以和朋友同樂。「朋」指朋友，「盍(ㄏㄜˊ)」為合，「簪」是古代用來束縛頭髮的飾物，「朋盍(ㄏㄜˊ)簪」，便是如同把頭髮束在一起那樣，和朋友聚合在一起，共享和樂。九四是豫卦中惟一的陽爻，是全卦的主爻，稱為卦主。九四悅樂，會震動全卦，其餘五陰爻，也都隨之悅樂。這種情況，是豫卦精神的最佳發揚，所以是具有正當理由的悅樂，大家都能有所得。

小象說：「由豫，大有得，志大行也。」九四一樂，眾人皆樂，証明春雷一響，萬物都欣欣向榮的偉大意志。一人樂而眾人皆樂，為什麼不樂呢？每個人都有所得，怎麼會產生妒忌心呢？不招惹他人，當然是具有正當理由的樂。人生的真正樂趣，即在己安人也安，己樂人亦樂。九四道出了豫卦的真義，也是大家努力的正確目標。

豫 16

九四，由豫，大有得；勿疑，朋盍ㄏㄜˊ簪。

九四陽居陰位，原本不當位，卻由於豫卦六爻，只有九四是陽爻，物以稀為貴，因此成為卦主。九四以自身的特殊性，來順應自然的正當安樂。能夠己安人也安，己樂人亦樂。大家都有所得，九四自己也大有所得。在這種情況下，志同道合的人，大可不必懷疑，也不必猶豫。大家就像頭髮被簪束住一樣，同心順動，與眾同樂。不論再大的志向，應該也能夠順利施行。

彼此同心，當然可以同樂，在喜悅中完成偉大志向。

五、六五貞疾知所危懼不死

豫卦（䷏）六五爻辭：「貞疾，恆不死。」小象說：「六五貞疾，乘剛也；恆不死，中未亡也。」六五陰爻，位居九四陽爻之上，呈現柔乘剛的狀態。一般而言，陰乘陽的結果，大多逆而劣，所以說「貞疾」。「貞」為經常，「疾」則是疾苦。按理說六五是領導者，不應該耽溺安樂，以免死於逸樂。幸好六五居上卦中爻，只要夠堅貞守正，可以恆久不死。這裡所說的「不死」，並不是永生不死，而是「質雖柔而位未亡」的意思。原因是九四「由豫」，大家都有所得，不致威脅六五。

六五雖然居於尊位，但是九四才是卦主。可見六五徒有虛位，而無實際的功能。雖然六五和九四相處和諧，共享安樂，仍以有位無權為憾，所以「貞疾」。幸好六五居中位，若是堅守正道，將不致為九四所廢棄，所以說「恆不死」。

九四以陽爻居陰位，原本是不當位的爻，卻由於得時得利，也就是在悅樂的時節，能夠大有得，所以成為卦主。九四與初六為正應，憑著這一層關係，使初六忘記自己的位卑而不正，假虛威而「鳴豫」，實在是下品，所以凶。

把一卦分成上下兩卦，各有一爻居於中位，也就是上卦五爻和下卦二爻。五爻為陽位，以陽爻居之為最尊；二爻為陰位，最貴的便是六二。但是，有時候六五稱為「柔中」，而九二也稱為「剛中」。六十四卦，五爻位不論是陰是陽，也就是不管是六五或九五，爻辭都沒有「凶」字，象徵只要能行中道，便無大礙。豫卦六五能夠知所危難，「恆不死」是預料中事。換句話說，若是喪失中道，那就不可能不死了。

豫 16 ䷏

六五，貞疾，恆不死。

六五居上震中位，雖然以陰爻居陽位，屬於失位，卻能夠堅貞守正，還是可以和九四和諧共處，不致為九四所威脅。當然豫卦的卦主，不可能威脅任何一個陰爻，這才符合豫道的要求。所以六五在九四的上面，雖然柔乘剛的危險性很大，但由於九四的「由豫」，依然可以共享安樂。只要六五自己想得開，不因大權旁落、自己有位無權，而覺得痛苦，便可以長久保持位置而不死。

與眾同樂，不一定要領導者親自帶頭，不妨讓合適的人主導。

六．上六冥豫最好合理改變

豫卦（䷏）上六爻辭：「冥豫成，有渝无咎。」小象說：「冥豫在上，何可長也？」「冥豫」指昏迷的享樂，「冥豫成」，表示豫道的昏迷已經形成。昏天暗地放縱自己，正是上六居上震的極位，好像樂到極端，將要樂極生悲的樣子。「渝」為改變，「有渝」便是倘若能夠自我警惕，有改變的決心，應該可以无咎。我們也可以把標點改變一下，成為「冥豫，成有渝，无咎。」「冥豫」是迷於悅樂，缺乏憂患意識。「成」解做成功，事情明明成功了，卻有了變化，原先的喜悅，是不是一下子就幻滅、消失了？若是因此而能及時覺醒，當然也可以免除過錯。綜合這兩種觀點，上六居全卦頂端，有物極必反的傾向，因而必有變化。倘若不改變，那就迷惑享樂到了頂頭，那裡能夠長久呢？豈不是要樂極生悲、遭到報應了呢？

天地生人，原本有好生之德，希望大家快快樂樂過日子。但是人也有身為萬物之靈的一份責任。快樂要有意義，也有價值，才不致辜負上天對人的期望。自己快樂，卻使他人蒙受苦難；自己享樂，卻造成社會的不安。敗壞社會風氣，引起他人的妒忌，甚至於憤怒、懷恨。這樣的逸樂，必然樂極生悲，將會遭受不幸的報應。豫卦的主旨，告訴我們「雷出地奮」，並不是天天都有的。來得正是時候，大家都心生振奮，十分歡迎，也跟著喜悅；萬一來得不是時候，令人害怕，實在沒有什麼好處可言。初六「凶」、六三「悔」、上六「何可長也」，都是充滿警戒意味的字眼。六五「貞疾不死」、六二「守貞而吉」，都以「貞」為重。只有九四「由豫大有得」，可見不能「獨豫」而應「眾豫」。

豫 16 ䷏

上六，冥豫成，有渝无咎。

上六以陰爻居陰位，當位。但是位居上震的上爻，又是全卦的頂端，有物極必反的危險性。往往一路走來，樂過了頭，難免樂極生悲。「冥豫」即迷惑於享樂，如果已經陷入此種情況，必須即刻作出改變，才能无咎。換句話說：在享受成功的樂趣，而玩味無窮時，忽然情況有所改變，倘若能夠及時覺醒，調整迷惑於享樂的心態，也算是一種不幸中的大幸，應該可以无咎。

樂不可極，千萬不能耽溺於享樂，以免樂極生悲。

我們的建議

1 表揚好人好事，原本是為了提倡善舉，然而日久成為形式，竟不幸淪為沽名釣譽的工具，使原有的美意蕩然無存。最好回想「雷出地奮」的合時、合理、合宜，而知所調整，以合豫道。

2 兒童固然需要父母的親情、關愛和鼓勵，卻更需要合理的「界限」，以免一味鼓勵，使兒童養成只能聽好聽的話，聽不入耳難聽的話。長大以後，痛苦的還是自己。

3 我們一方面要自由自在地享受喜樂，一方面也應該設身處地想想別人的感受。會不會由於我們的喜樂，反而激起他人的傷感或是妒忌心，甚至於憤憤不平？最好及早設立防線，畫定範圍。使自己的喜樂，不致傷害其他人。

4 一人安樂，又能兼顧他人，由己及人，逐漸擴展。這一人的言行，必定是順著全體共同的心願，才能獲得大家的誠心順應。上震下順，獨陽為群陰所共應。上震合時得宜，下坤順承振動，唯有順性而動，才能與眾同樂。

5 生於憂患，死於安樂。因為憂患能加強我們的警覺性，而安樂卻會使大家疏於防範。若是因此而樂極生悲，豈不是平白遭受災難傷害？善於處樂，即為豫道的要旨。

6 人難免得意忘形，也不免迷惑於享樂。只要及時覺醒，做出合理的調整，依然有改善的可能。不善於處樂，歡樂很快就會離我們而去，恐怕不自我調整也不行！

《第九章》

履卦六爻
說了些什麼？

履的真義，是行為有禮，做事憑良心，
通俗的說法，便是老老實實做人和做事。

不做非分的要求，不汲汲追求功名利祿，
這個道理好像人人都懂，卻是知易行難。

老實人常吃虧，就看吃了虧如何反應？
若是因此對老實失去信心，勢必同流合污。

倘若能夠從吃虧中獲取教訓，
明白老實也應該有老實的因應方式，

那就是履道的真諦，
必須用心領悟、細心體會。

一旦有了深入的心得，
自然可以老老實實地做人做事。

一．初九素履不作非分要求

履卦（䷉）的履，本意是穿鞋子走路，後來被引申為「禮」，要求合理實踐禮法。卦象下兌上乾——上面晴空萬里，下面湖光清澈，象徵禮法健全，我們必須喜悅地履行。因為凡走過必留下痕跡，所以「如臨深淵，如履薄冰」，成為我們為人處世的基本原則，人人都要遵行。

卦辭說：「履虎尾，不咥人，亨。」老虎的兇猛，大家都知道。「履虎尾」是行走在老虎的尾巴後面，這是多麼危險的事情！「不咥人」，就是不咬人。走在老虎尾巴後面的人，一定要小心翼翼，不要踩到老虎的尾巴，否則牠回頭一咬，很可能就性命難保。不去踩老虎的尾巴，牠認為沒有惡意，就不會咬人。引申為遵循禮法而行，雖然危險，卻也亨通。

初九爻辭：「素履，往无咎。」小象說：「素履之往，獨行願也。」「素」是不造作、不做假，老老實實做人做事的意思。「往」是向外，也就是向上。初九以陽爻居陽位，是當位的爻，但是位居全卦的始位，象徵剛剛踏入社會，對世道人心並不瞭解。與上卦的九四不能相應，因為彼此都是陽爻，導致互相猜忌而不能彼此信任。此時最好能夠規規矩矩做人、實實在在做事。在求上進的途中，不致有所禍害，所以无咎。通常我們的經驗，告訴我們老老實實做人做事，時常會吃虧，殊不知這樣的吃虧，不過是表面上佔不到便宜，實際上卻獲得了大家的信任，反而是一種不容易得到的佔便宜。這種想法，既不能勉強，也不能做成規定，只能自己有意願，決心要這樣做，所以說「獨行願也」。自願如此，便沒有任何阻礙，可以往而无咎。

履

10

初九，素履，往无咎。

初九以陽爻居陽位，當位，象徵正當有為的年輕人，是全卦的始位，表示開始在社會上做人。最要緊的是做給自己看，而不是做給別人看。這時候想要引人注目，除了奇形怪狀、言語唐突、行事怪異之外，似乎別無他途。不如規規矩矩做事，老老實實做人。用樸實無華的素履，做為自己的人生指南，並且奉行不怠，再怎麼做也不會出差錯。先把自己做好，再看往後應該如何發展，才是保平安的要領。

老老實實做人做事，先把自己這個人做好。

二。九二貞吉不致自亂步伐

履卦（䷉）彖辭說：「履，柔履剛也；說而應乎乾，是以履虎尾，不咥人，亨。剛中正，履帝位而不疚，光明也。」彖辭用來說明卦辭的含義，通常從陰陽剛柔的發揮，來解說這一卦的卦象。履卦內兌外乾，兌為陰卦主柔，乾為陽卦主剛。所以彖辭說：「履，柔履剛也。」「說」即悅，以和悅的柔，順應上乾的剛，因此「履虎尾」，也不致為虎所咬。行走在危險的虎尾後面，虎居然不咬人，當然亨通。「剛中正」指九五陽爻，居中且正，象徵光明正大。「疚」為愧疚，以九五的中正，就算居帝王高位，也不必愧疚。因為全卦除了六三是陰爻之外，其餘五陽爻，都將熱烈響應。履卦的九二、六三、九四為離，代表光明的景象，所以說「光明也」。

九二爻辭：「履道坦坦，幽人貞吉。」小象說：「幽人貞吉，中不自亂也。」「道」指道路，「坦坦」為寬闊平坦的樣子。「履道」是人們實踐做人做事的道路，對於「幽人」來說，是寬闊平坦的。什麼叫「幽人」呢？就是幽靜平和的人。九二以陽爻居陰位，與九五不相應，不當位且不正應，怎麼辦呢？只有自己打定主意，做一個幽靜平和的人，自安於幽隱，謙卑禮讓而不炫耀。倘能堅守這樣的正道，必然吉祥。因為九二居下兌中位，只要不自亂心志，和六三又有陰乘陽的不良關係，自然會更加謹慎，不敢偏離正道。九二以剛居中，如果不能守正，很可能恃才傲物，不但不能自隱其才，而且看不起上級的軟弱無能，往往忘記了自己的處境，招來很多不必要的阻力。那時候履道就不是坦坦，而是崎嶇難行了！

履 10 ䷉

九二，履道坦坦，幽人貞吉。

九二以陽爻居陰位，不當位，與九五不正應。象徵一般人老老實實做人做事，有了一些成績，便認為務實的效果良好。以為履道原來十分平坦，可以這樣一路走下去。於是憑著下兌(ㄉㄨㄟˋ)中爻的優勢，不但不能自隱其才，而且恃才傲物，看不起上級的軟弱無能。九二爻辭，特別提出「幽人貞吉」的警示。告訴我們心目中除了只有自己以外，還應該要有別人的存在。做給自己看之外，也應該做給別人看。只有以幽靜平淡的態度，不汲汲於功名，才能履道坦坦，不然的話，很可能崎嶇曲折、寸步難行。

老實之外，還要為他人設想。凡事禮讓三分，路會更寬廣。

三。六三雖有凶險志剛有為

履卦（䷉）大象說：「上天下澤，履；君子以辯上下，定民志。」履卦下兌上乾，乾為天，兌為澤，所以說「上天下澤」，是履卦的自然景象。「辯」即明辨，分辨清楚的意思。君子明白履卦上天下澤的道理，應用在日常生活中，必須明辨上下的和順之道。就像上天和下澤那樣，彼此和諧相處。履的現代意義，應該是遵守禮法，並且確實履行。用這種心態來教化百姓，安定百姓的正確觀念和實踐心志，是履卦的主要訴求，迄今仍然合乎時代的要求。

六三爻辭：「眇能視，跛能履，履虎尾，咥人，凶。武人為于大君。」小象說：「眇能視，不足以有明也；跛能履，不足以與行也；咥人之凶，位不當也；武人為于大君，志剛也。」「眇」字兩隻眼睛少了一個，顯然有一個眼睛看不見，走起路來自然看不清楚，雖然有一個眼睛還能看，卻不足以看明白。「跛」為跛足，行走時覺得不便，雖然還能行走，卻不能像正常人那樣靈活。六三以陰爻居陽位，既不當位，又不居中，有如視力不佳的人，要勉強看清楚；行走不方便的人，想要和平常人一樣行動。在這種情況下「履虎尾」，走在老虎尾巴的後面，一不小心踩到虎尾，必然被虎咬傷，當然凶險。六三以陰乘陽，位於九二之上，所以說「位不當也」。「武人」指有武力卻缺乏美德的人，六三以陰爻而位居九二和初九兩陽爻之上，難免不自量力，想登上大君的寶位，顯然心志過分剛烈，才會導致「咥人」的凶險。倘若六三安守本分，按照坤卦六三爻行事，應該可以有為而免禍。

履 10 ䷉

六三，眇(ㄇㄧㄠˇ)能視，跛能履，履虎尾，咥(ㄉㄧㄝˊ)人，凶。武人為于大君。

六三以陰爻居陽位，又是下兌(ㄉㄨㄟˋ)的上位。主要是初九素履，九二幽人貞吉，效果都很良好，便藝高人膽大，自認為一隻眼也能看清楚，跛腳也不輸給正常人。不料陰溝裡翻船，不小心踩到老虎尾巴，被咬了一大口，當然凶險。口碑再好，對自己再滿意，免不了會出差錯。萬一失敗，不必責怪別人，而是要自己反省，是不是「武人為于大君？」只有一點武藝，便想像自己可以成為偉大的人物？想通了，及時改正，就可以免於凶禍。

不因為小有成就，便藝高人膽大，以免陰溝裡翻船。

四、九四愬愬知所戒懼終吉

履卦（䷉）下兌上乾，可以合起來看：初九涉世未深的人，最好老老實實，把務實的功夫實踐好。九二指明白履道的人，信心堅定，不汲汲於追求功名。六三是盲昧的遵行，反而見解不清，行為也欠妥當。九四成為幹部，九五高位首長，然後事極必生變化，上九大多專斷而行。如果分開來看，下兌三爻，是由實實在在到合理應變。上乾三爻，則是由應變到變革，都需要合理。當然，也可以用三分法：初、二兩爻為地道，以務實為主；三、四兩爻為人道，以應變為主；五、上兩爻為天道，以合理為主。

履卦九四爻辭：「履虎尾，愬愬，終吉。」小象說：「愬愬終吉，志行也。」「愬愬」即戒懼的樣子，九四為上乾的始爻，又是陽爻居陰位，並且靠近九五君位，就像真的「履虎尾」般。好在抱持謹慎、戒懼的心態，所以終能獲得吉祥。九四不當位，與初六也不是正應，在這種情況下，反而能提高警覺，認為與九五好好配合，懷著「伴君如伴虎」的心情，志行當然可以實現。可見即使不中不正，只要戒慎恐懼，時刻反省，謹守分際，應該還是可以獲得終吉。《易經》時時提出警告，卻也處處提供轉機。用心良苦，由此可見。

九四是幹部，最需要的是應變。缺乏原則，志向不堅定，很容易變成投機取巧，那就是圓滑，不可能終吉。必須堅持原則，謹慎恐懼地行事，才是真正的隨機應變，稱為圓通，也才能終吉。圓通而不圓滑，是應變的主要關鍵。為公益而變通，是圓通；為私利而變通，大多是圓滑。

履 10

九四，履虎尾，愬ㄙㄨˋ愬ㄙㄨˋ，終吉。

九四以陽爻居陰位，與初九又不相應，象徵經過六三的一番波折之後，已經知所戒懼。做人做事，除了務實的功夫外，還需要有應變的能力。「愬ㄙㄨˋ愬ㄙㄨˋ」是謹慎戒懼的樣子，只有抱持這樣的心態，在老虎尾巴後面行走，才不致誤踩而闖禍，所以最終獲得吉祥。換句話說，倘若不能戒慎恐懼，那就不可能終吉了！

檢討自己的缺失，再接再厲，務求加強應變能力，以求制宜。

五・九五夬履當機立斷而行

履卦（䷉）九五爻辭：「夬履，貞厲。」小象說：「夬履貞厲，位正當也。」九五以陽爻居陽位，又是上乾中爻，可以說居中得正。可惜與九二不正應，而上下所比，又都是陽爻，在這種情況下，難免剛烈自負、剛愎自用。即使守正道，也十分危險，所以說「貞厲」。「厲」是危險的意思，比「吝」和「悔」稍好一些，終久是吉。下兌上乾，表示在下者能夠和悅順從，但是領導者過剛，仍然有相當程度的危險性。一般而言，當位卻不吉，必然有特殊的情況。履卦九五剛中，下兌又過分和悅順從，倘若九五稍有偏離正道，恐怕就不是「貞厲」而是「凶」了。「夬」是堅決的意思，九五陽剛，居於尊位，所以稱為「夬履」。由於能夠正當合理地當機立斷，可免危厲。

領導者當機立斷，顯得很有魄力，卻難免背負專制之名，甚至於被說成獨裁。倘若猶豫不決，或者拖延時日，又會被嘲笑為無能，或不能果斷。這種兩難的困境，必須用「兼顧」的方式來突破。我們把專制和獨裁區分開來，立下拒絕獨裁的決心。然後確立「決定之前，廣開言路，聽取各式各樣的意見。決定之後，果決行事，不再變動」的原則。有時間能拖便拖，不立即做成決定。沒有時間時，必須當機立斷，絕不猶豫。當然，什麼情況能拖便拖，什麼情況該當機立斷，仍然要以當時當地的合理點，做為判斷的標準。

領導者中正嚴格，必能有成。但是剛愎自用，卻也會有危險。「貞」是堅持合理的貞操，「厲」可以解釋為更加自勉。在決定之後專制，是當機立斷的表現，不能偏廢。

履 10

九五，夬ㄍㄨㄞˋ履，貞厲。

九五以陽爻居陽位，又居上乾的中位，既中又正。象徵經歷許多磨練之後，終於有機會登上大位，難免剛健大膽，果斷決裁，顯得很有魄力。這時候必須守正，避免剛烈自負，而又剛愎自用。領導者的兩難，包容或專斷，都有相當的難度。最好熟悉部屬的人情，做到上下溝通流暢，可免危厲。

領袖要明白人情的重要，務求上下交心。

六．上九視履考詳大可慶幸

履卦（䷉）上九爻辭：「視履考祥，其旋元吉。」小象說：「元吉在上，大有慶也。」「視」為審視、查看，「履」指經過的履歷。上九居全卦的上位，可以審查自初九到九五的經歷，究竟履行到什麼程度？是不是合理？「考」為考察，「祥」是各種得失的吉祥面，並不計較凶險的那一面。考察的時候，當然有得有失，有吉也可能有凶。但是《易經》抑陰重陽的精神，主要在激勵人們的積極思想，也就是正面思惟，所以只考祥而不考不祥。「其」指上九，「旋」為旋轉。「元吉」則是旋轉回到原點（即為初九）可獲大吉。因為審查考核各爻的表現，仍以初九的素履（老老實實做人做事）最為踏實可貴。上九雖然高居履卦的頂點，卻由於有了這樣的領悟，不致高亢，反而得到大吉，證明高居上位，照樣可以大有吉慶。

初出茅廬，對社會尚未深入瞭解，最好是老老實實，抱持誠心誠意的態度，好比什麼都吃，自然也要吃點虧。如果只是抱怨、懷恨，就得不到什麼好處。吃一次虧、上一次當，卻能獲取教訓。於是小心謹慎，不汲汲於功名，不改老實的初衷，只是在將心比心與協調合作方面多所改善。若是發覺世道艱難，卻也有平坦的路可走，於是便藝高膽大，不自量力，盲目踐履行事，眼高手低，心志暴烈，又將會招惹凶禍。好不容易養成戒慎恐懼的態度，又能以果決貞正的行為免去危厲。痛定思痛，決定回到原點，規規矩矩做人，實實在在做事。孔老夫子「七十而從心所欲，不踰矩」，應該是「元吉在上，大有慶也」的寫照。

履 10

上九，視履考祥，其旋元吉。

上九以陽爻居陰位，又是全卦的上爻，按照常理，應該是事極必反。幸好與六三正應，從六三的「咥ㄉㄧㄝˊ人，凶」，體會出自己的處境，不但和六三（居下兌ㄉㄨㄟˋ的上位）相似，而且更為高亢危險。於是考察初九到九五的履歷，發現回歸初九的原點，採取素履的態度，最為吉祥。以上九的地位，能夠這樣返本歸真，元吉在上，自然是大有慶也！

回歸原點，具有充分應變經驗的人士，應該可以老實做人而不吃虧。

我們的建議

1 新鮮人初入社會，總是滿腔熱血。往往只看到表面的光明，而不瞭解社會的陰暗面。深入社會以後，對於陰暗面發現愈多，熱情愈減，而失望日增。於是由喜歡轉變為厭惡，甚至認為唯有同流合污，才是適者生存之道，陷入嚴重的錯誤而不自知。

2 履卦（䷉）告訴我們，從長遠看，社會總是朝好的方面進展。就算漫漫長夜，總會有天亮光明的到來。履卦給我們兩個方向：一是向陰暗低頭，一為盡責任促進社會光明。請各位捫心自問，到底要走哪一條道路，才算是善盡做人的責任？

3 把社會看成醬缸，認為自己只有跳進去，接受陰污的洗禮外，別無良策——這是自暴自棄的態度，並不可取。就算履歷表填列一大堆，也毫無成績，並沒有什麼價值可言。

4 最好細心體會履卦（䷉）的啟示，悟出其中的道理，並且真誠地親自實踐，負起改造社會的責任，卻不危害自己和家人的生活。面面都要顧及，這才是兼顧的做法。

5 履道坦坦，原本是自然的規律。可惜人們認知錯誤，自以為是，為世道添增許多無謂的曲折離奇。聰明反被聰明誤，往往只看到小的，卻忘記了大的！

6 「禮」是為人處世的根本，是謙恭、謙虛、謙讓的德行表現。「禮」即「履」、謙恭有禮，才是謙德的履行。做得到才算數，做不到也不必造假，因為虛假的禮，必然有詐。

《第十章》

怎樣看待
豫卦和履卦？

豫卦教人喜樂，履卦教人實踐，
說起來人人都會，做起來卻實在困難。

最好把各種相關因素，都深入瞭解，
才能將知易行難，改變成知難行易。

每一卦都有象、數、理的連鎖作用，
也都有錯綜複雜的卦形變化，十分有趣。

運用階升法，把每一爻逐一加以改變，
可以變成六個不一樣的卦，彼此息息相關。

還有中爻互卦，以及相關的變化，
實際上，都和原卦的意義有密切關係。

《易經》六十四卦，確實是牽一髮而動全身，
在仔細玩賞領悟之外，更需要親自實踐體會。

一・豫卦履卦都是知易行難

天下事有「知難行易」的，也就有「知易行難」的。陰陽互相對待的現象，到處可見。當然陰陽會互變，「知難行易」可能變成「知易行難」，「知易行難」也可能變成「知難行易」，主要關鍵在於我們的意志，想要怎麼樣，就會怎麼樣，果然是心想事成。

豫卦（䷏）下坤上震，上動下順。九四以一陽出於地上，象徵雷聲自地而出，其聲隆隆。全卦只有九四這一陽爻，其餘五陰，都採取順動的姿態。其中六三以陰爻而居下坤的上位，才弱志剛，不免對九四親順，卻對六二擺臭架子，認為初、二、三這三個陰爻，自己最接近九四，因而神氣十足。這種媚上傲下的風氣，很容易蔓延開來，要想加以改變，實在是難上加難。儘管六三爻辭：「盱豫，悔；遲，有悔。」已經說得十分清楚，實際上仍然是言者諄諄，而聽者藐藐。就算心生厭惡，也免不了掉入這種可怕的陷阱裡。

履卦（䷉）下兌上乾，天的種種形象，都清清楚楚地反映在澤上。象徵上行下傚，絲毫不能馬虎。我們常說上樑不正下樑歪，便是履卦的最佳寫照。從九四「愬愬」、九五「夬履」，到上九「考祥」，都應當以身作則，扮演好自己的角色，期使初九「素履」，九二「幽人貞吉」，能夠知所仿傚。於是六三「武人」，自然不敢「為于大君」，反而明白自己既然與上九正應，那就應該以六三乘九二（小人位於君子之上）為戒，促使自己由柔變剛，以期下卦為乾。再以乾卦（䷀）九三爻辭：「君子終日乾乾，夕惕若，厲无咎。」自勉。對於整個履道的發揚，克盡一份心力，也就能夠化凶為吉了。

豫

16

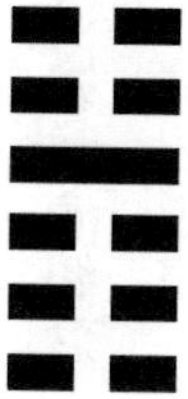

六三 ← 以柔居剛（九四）下位，
有媚上的傾向。
認為自己最接近九四，
因而看不起六二和初六。
媚上傲下，
大家都知道不好，
卻經常避免不了，
這是什麼道理？

履

10

六三 ← 以柔乘剛（九二），
又與九五正應。
不免自視甚高，
忘了自身並不當位。
眼高手低，
大家都認為不妥，
卻很難擺脫，
這又是為什麼？

知易行難，實際上是知得不夠透澈。

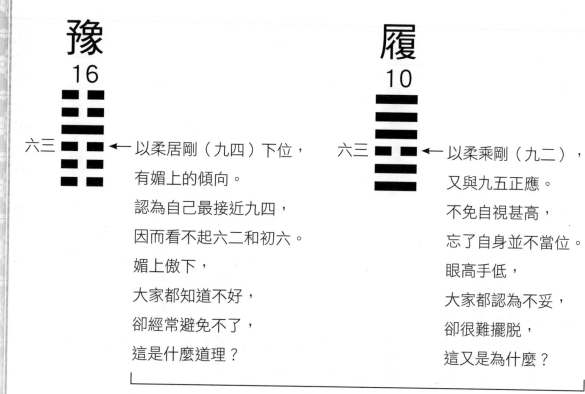

二、豫道順時而動向外顯象

很多人說中國人沒有時間觀念，這是一種不明就裡的想法。《易經》最重視「時」和「位」，每一卦的代號，譬如九五、六二、上九、初六，都是「時」、「位」和「性質」三合一的稱呼。在這三者之中，我們最常於日常生活中聽到「時也，命也」，可以推論我們特別重視「時」的變動。

六十四卦中，彖(ㄊㄨㄢˋ)辭特別提出「時」、「時用」、「時義」而讚歎為「大矣哉！」的，一共有十二卦。豫卦（䷏）便是其中之一，彖(ㄊㄨㄢˋ)傳說：「豫之時義大矣哉！」「時」指時間性，「時用」為配合時宜所產生的功用，而「時義」則是因時轉移的重大意義。天地的行動順應自然，人的行動也不能違反自然。大自然的時序，有其特殊意義。人的逸樂，當然也要講究它所代表的意義和價值。我們每一個人，都有自認為得意的事情，不論有沒有價值，總是忍不住要說給大家聽，期望從別人的回應中，滿足自己高人一等的心態。這種向外顯象的表現，合不合乎時機？產生什麼樣的影響？有沒有意義？具有什麼樣的價值？可見順時而豫，意義特別重大。古人寓教於樂，主張透過逸樂，來推行教化。現代人為追求感官刺激而樂，既對外界造成不良影響，又不能順應時宜，實在是不明白豫道的時義，完全不能體會「大矣哉！」的警語。對豫卦爻辭「凶」、「悔」的警語，未能深入領悟。

把對方的得意事，當成溝通的橋樑，這是常用的法則。然而對方當時的心情如何？對我們的觀感如何？提出的時機對不對，仍然是成敗的關鍵，不能不特別加以留意。

《易經》特別重視「時」

豫

16

䷏

彖（ㄊㄨㄢˋ）辭：「豫之時義大矣哉！」

「豫」是人逢喜事精神爽，

容易喜形於色而向外顯象，

若是因此招惹妒忌，甚至憤憤不平，

反過來造成不利，豈非樂極生悲？

得意忘形，正好提供他人利用的機會，

趁機戴高帽子，如何抵擋得了？

現代人過分追求感官刺激，並不合乎豫道的要求。

三、共患難是豫道的試金石

我們說「共歡樂」容易而「共患難」困難，便是豫道的卦外之義。歡樂時光，大家都想分享；患難來時，逃之唯恐不及。這原本是人之常情，為什麼要加以批評，而不設法改變呢？《易經》倡導以禮履世，把履卦用禮來解釋。用意即在「發乎情而止乎禮」，藉由「樂」與「禮」的相互呼應、相輔相成，禮中有樂，大家才會樂於踐行；樂中有禮，才能「從心所欲而不踰矩」。

孩童愛哭愛鬧、愛笑愛吵，我們還可以耐心教導。年輕人喜怒形於色，我們就會認為沒有家教。年紀增長，卻不能用理智指導感情。就算有所成就，大家也會在心裡竊笑。把豫卦（䷏）和謙卦（䷎）合起來看，同樣是五陰一陽，而且唯一的陽爻都在人位，也就是豫九四和謙九三，為什麼一居四、一居三，僅有一位之隔，卻是「豫」和「謙」的差別呢？因為謙卦九三，以一陽謙遜居下卦而受尊，只要守中不變，堅持自下於人，並不求他人回報。大家看到謙九三「勞謙」不息，自然萬民誠服，而獲得終吉。豫卦九四，以一陽而居人位之上，需要朋友齊心同歡，才能大有所得。謙九三屬於內卦，象徵自己要謙虛禮讓，自力即能完全控制；豫九四屬於外卦，內坤三陰倘若只能歡樂卻不能共患難，豈不是「生於憂患，死於安樂」？謙卦爻辭多吉語，豫卦爻辭多警示。值得我們細心玩味，提防豫道艱難。

人生不可能一帆風順，遲早總有曲折。逸樂時朋友皆兄弟也，患難時翻臉好像並不相識。甚至於冷嘲熱諷，落井下石，此時發牢騷罵人又有何用？還是及早調整自己的豫道為安。

豫

16

共歡樂容易
共患難不易

都是一陽五陰，
只不過九三、九四不同。
九四在外卦，
需要下坤齊心同歡，
才能大有所得。
九三在內卦，
只要自己謙虛禮讓，
自力即能完全控制。
豫卦爻辭多警示，
謙卦爻辭多吉語，
想一想，這是為什麼？

謙

15

歡樂或艱難
都需要謙道

四．豫道謙道都離不開履道

「豫」原本是一種體積特大的象，由於體積過分龐大，行動的時候，往往只看得到前方，卻顧不了週遭的情況。象徵當一個人身處很大的喜樂時，常常會情不自禁地表現出來，忽略了他人的感受，因而造成無意的傷害。但是受到傷害的人，並不能體諒和包容。若是因此引起反感，產生排拒，甚至於招來破壞，豈不是樂極生悲？我們常說「得意忘形」，便是要預先做出警戒。得意是好事，忘形卻很危險。

然而，人生追求快樂，也是正當的目標。不能因為他人的感受，便強行壓抑，或者以苦修為樂。在這種樂不是、不樂也不是的兩難情況下，應該設法走出一條健康、安全、正當的豫道。既不能逃避逸樂，自甘勞苦；也不必猶豫不定，造成自己的不安。《易經》將豫卦（䷏）安排在謙卦（䷎）之後，即在提醒大家：先修好謙德，再來享受喜樂，應該比較安全。知謙而後能豫，實際上能謙必能豫，否則便是不謙。

豫道和謙道，都離不開履道。履卦（䷉）一陰五陽，陰性向下，履六三不當位，又是陰爻居陽爻之上。幸有履九五能以公正的態度，光明的遠景，使下卦能心悅誠服，接受九五的指引和領導。豫卦（䷏）利建侯行師，主要是豫六五心胸廣闊，肚大能容，使九四剛健的勢力，能順應眾人的意願，和順喜樂地實行。謙卦（䷎）「君子有終」，到了上爻至極，仍然具有中正和平的德性，實在是履行得貫徹始終。《易經》言行兼顧並重，光說道理，並不能收到實際的效果。必須確實履行，並且行之以禮。才能履險如夷，平安順適。

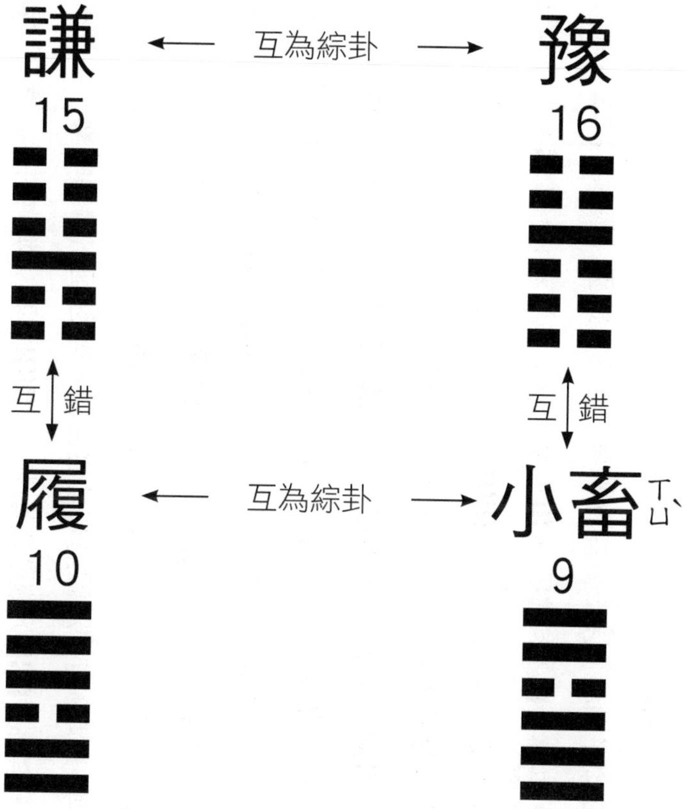

即使明白道理，也還是要親自實踐體悟。

五、履卦象數理的初步認識

履卦（䷉）的象，是下澤上天。天在上運行，澤在下流動，這是自然的景象。我們從下澤上天、各有定位的現象，體會到社會人事，也有類似的情況。只要位適當，上下就能和順。倘若人事現象符合自然景象，應該是良好的現象。

履卦的數，除了錯卦為謙（䷎），綜卦成小畜（ㄒㄩˋ）（䷈）之外，其中任何一爻產生變化，就會成為不同的卦。譬如初九變成陰爻，即成為訟卦（䷅）。九二變成六二，便是无妄卦（䷘）。六三變成九三，即成為乾卦（䷀）。九四變成六四，那就是中孚卦（䷼）。九五變成六五，便是睽（ㄎㄨㄟˊ）卦（䷥）。而上九變成上六，即為兌（ㄉㄨㄟˋ）卦（䷹）。這種變化，稱為「階升法」。由初爻到上爻，逐一變化上去，每一卦都可以變成其它六個卦。而且每變一次，都產生新卦的錯卦和綜卦。譬如訟卦（䷅）錯明夷（䷣）、綜需卦（䷄）。表示把訟卦的每一爻都陰陽交錯，便成為明夷卦。把訟卦上下六爻整個顛倒過來，即成為需卦。如果加上中爻互卦的變化，履卦（䷉）二、三、四為離（☲），錯卦和綜卦都是坎卦（☵）。三、四、五爻為巽（ㄒㄩㄣˋ）（☴），錯震（☳）綜兌（ㄉㄨㄟˋ）（☱），那就更加複雜。可見《易經》的數，內涵甚多，變化也很大，需要十分用心體會。

履卦的理，內容非常豐富。譬如以柔克剛，才能對付強暴。自慎警戒，才是危機處理的要旨。光明正大，順從民意，政治才能清明。處於基層的地位，最好老老實實，不汲汲追求名利；一旦到了高位，不能暴虐為害。總之，人生好像行走在老虎尾巴的後面，如果要做到不被老虎咬傷，便要發揮履道的智慧。

履

10

- 象
  - 兌ㄉㄨㄟˋ下乾上。
  - 上天下澤。
  - 天在上運行，澤在下流動。
  - 各就各位，上下和順。
- 數
  - 錯卦為謙，綜卦為小畜ㄒㄩˋ。
  - 階升法
    - 初爻陽變陰，成為天水訟。
    - 二爻陽變陰，即成天雷无妄。
    - 三爻陰變陽，便是乾為天。
    - 四爻陽變陰，成為風澤中孚。
    - 五爻陽變陰，即成火澤睽ㄎㄨㄟˊ。
    - 上爻陽變陰，便是兌ㄉㄨㄟˋ為澤。
  - 還有其他變數。
- 理
  - 以柔克剛，才能應付強暴。
  - 自慎警戒，是危機處理要旨。
  - 光明正大，順從民意，政治才能清明。
  - 處於基層，老老實實。居高位，不能暴虐為害。

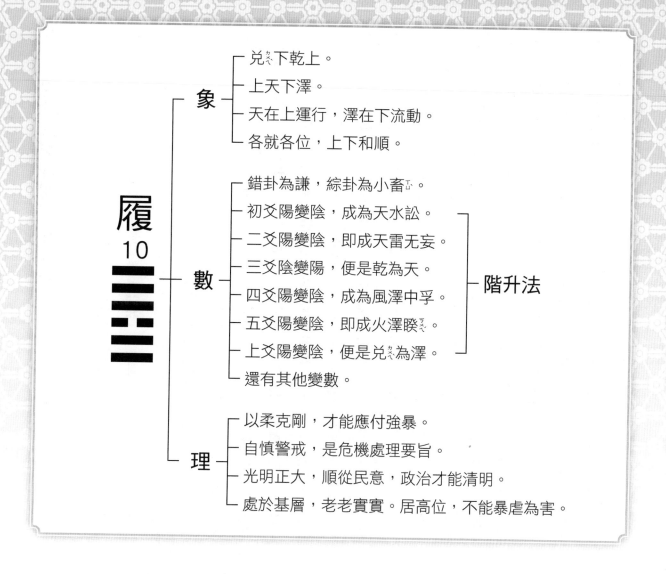

六、謙卦是豫卦和履卦核心

謙卦（䷎）錯卦為履（䷉），兩卦六爻彼此陰陽相錯，也叫做「相對卦」，或「旁通卦」。謙卦的綜卦為豫（䷏），兩卦六爻，剛好互為顛倒，又稱為「反覆卦」，或「反卦」。三卦關係密切，可以說謙卦的道理，必須透過實踐，才能深入體會，所以需要履道。倘能透過履道，確實履行謙道，必然心生喜悅，而且與眾同樂，切合豫道的要旨。謙卦本身，依階升法，可以變成地火明夷（䷣）、地風升（䷭）、坤為地（䷁）、雷山小過（䷽）、水山蹇（䷦）、艮為山（䷳）。豫卦也可以變成震為雷（䷲）、雷水解（䷧）、雷山小過（䷽）、坤為地（䷁）、澤地萃（䷬）、火地晉（䷢）。履卦按階升法，也可以變成天水訟（䷅）、天雷无妄（䷘）、乾為天（䷀）、風澤中孚（䷼）、火澤睽（䷥）、兌為澤（䷹）。以謙卦為中心，仔細聯繫以上各卦，深入瞭解象數理的連貫作用，自然能夠獲益無窮。

「階升法」的意思，是一卦六爻，依照「初、二、三、四、五、上」的次序，由初爻開始，依次序向上升。每一爻由陰變陽，或由陽變陰，都會變成不同的卦。每一卦依階升法，都可以變成另外的六個卦。把這些卦的象數理，和原本的卦。這一卦的象數理合起來看，也合在一起想，可以體會彼此之間的互通和互助，使卦的內涵更加充實、意義更為明顯。真正應用在日常生活上，也更能得心應手。

卦的類別，除了上述錯卦、綜卦，以及階升法所衍生的卦之外，尚有其他的說法。我們以後在適當時機，將會逐一加以補充說明。謙卦是六十四卦的核心，也請逐漸釐清。

階升法

- **謙** 15 ䷎
  - 初六變初九，為地火明夷。
  - 六二變九二，為地風升。
  - 九三變六三，是坤為地。
  - 六四變九四，為雷山小過。
  - 六五變九五，為水山蹇（ㄐㄧㄢˇ）。
  - 上六變上九，是艮（ㄍㄣˋ）為山。
- **綜為豫** 16 ䷏
  - 初六變初九，是震為雷。
  - 六二變九二，為雷水解。
  - 六三變九三，為雷山小過。
  - 九四變六四，是坤為地。
  - 六五變九五，為澤地萃。
  - 上六變上九，為火地晉。
- **錯成履** 10 ䷉
  - 初九變初六，為天水訟。
  - 九二變六二，為天雷无妄。
  - 六三變九三，是乾為天。
  - 九四變六四，為風澤中孚。
  - 九五變六五，為火澤睽（ㄎㄨㄟˊ）。
  - 上九變上六，是兌（ㄉㄨㄟˋ）為澤。

1 我們喜歡說「快樂」，其實「快樂」就「快不樂」，並不是好現象。快樂不如順時而樂，及時行樂。時機要對，態度要正確，而方式更要求正當。傷風敗俗的樂，不但敗壞社會風氣，而且自己很快就會承受樂極生悲的惡報。

2 喜樂是人生的解藥，可以預防和治療許多病痛。但是時機不合宜、方式不恰當、他人的觀感不愉快，都足以產生反效果。不但不是解藥，有時候反而成為了惡藥。一般人可能不在乎，但是有好機會、好建樹的人士，應該要特別小心才是。

3 《易經》各卦，都有象、數、理的連鎖關係。「象」指自然景象，「數」為數量多寡和成分的變化。現代把「象」稱為「現象」，將「數」叫做「數據」。依據現象和數據，可以推論出背後的道理。

4 各卦卦辭，大多象數理合一。譬如履卦（䷉），把人生想像成行走在老虎尾巴後面的歷程。稍為不小心誤踩到，後果便會不堪設想。防患之道，即在柔履剛。

5 每一卦六爻，各有爻辭，通常也是象數理並重。譬如豫卦六三，一陽出於地上，以陰爻居下卦之上，象徵才弱而志剛。又與卦主九四爻接近，因而容易傲下媚上。

6 今後不論玩賞哪一卦，最好都能夠分別由象、數、理三方面，尋求其中的脈絡，探索其中的究竟。以期更深一層認識卦象和易理，做到真正的「心中有數」。

結語

現代人寧可相信制度，不敢相信人。若不是無知，不明白「徒法不足以自行」的道理，不知道一切制度的訂定、執行、考核和修訂，完全在人，便是對自己失去了信心——因為對他人缺乏信心，而說這種話的人，自己也是人，當然是對自己也喪失了信心，實在非常可憐。這種說法，其實是長久以來，我們習慣於「人治」、「法治」對舉，因而認為「法治」不偏不倚，無私無情，當然優於「人治」。

歸根究底，就是害怕人情的濫用。只要人有感情，便有私心，有好惡，處處隨心所欲。毫無標準，怎能不令人心生畏懼，而不敢相信呢？但是，最基本的問題，仍然在「人而無情，何以為人？」即使有濫情，也仍存在著合理的情。有私情，也可以表現為公正無私的情。再深一層看，人世間根本就沒有「人治」和「法治」的區分，只有「人治大於法治」或「法治大於人治」的事實。可惜大家以訛傳訛，而又自以為是，天天高呼「創新」，腦袋裡卻充滿了許多錯誤的觀念，不知道也不能夠及時調整過來。其實儒家倡導的「德治」，也不過是法家的「法治」加上合理的「人情」。我們常說的「德治」和「法治」，實際上都十分重視制度，只是儒家在「法治」的基礎上，加上「立法、司法和執法，都應該憑良心」的原則，如此而已，卻讓大家爭論了好幾百年。

《易經》分成上下兩部分。上經重天道，以乾坤兩卦為首。下經重人道，而人道則必須重視人與人之間的感情。情是什麼？是人之美者，是良心的表現。居於天人合一，我們乾脆把它名為「天良」，實際上是「天理良心的合一」。有天良，人才有資格稱為「萬物之靈」。憑天良，做人做事自然合乎規矩。

情的關卡，從男女兩性出發。現代人只知道盲目相信「男女平等」，卻不深一層瞭解「男女有別」的事實。男女同權，誰都不能反對；而男女性質不同，互有區別，也是不爭的實際情況。為什麼不同時列入考慮，一併重視呢？

「情」有親情、愛情、友情、對同事之情、對古人之情、對文化之情、對往昔之情、對祖先之情、對自然萬物之情。各人的感受，實在大不相同。現代人重經濟生活，淪為心中只有錢而沒有情，並不是好現象。

不論如何，婚前婚後對愛情的看法，男女不一樣，則是很難避免的實情。咸卦艮下於兌，象徵少男追求少女；恆卦巽下震上，象徵結婚之後，以男為主而女為伴，便被認為是婚前婚後對愛情的反應大不相同。殊不知，若不是這樣做出階段性調整，家庭如何和睦？夫婦怎能偕老？

中國人的傳統家庭，多以夫唱婦隨為常態。倘若某一對夫婦，妻子在各方面都比丈夫高明，改為婦唱夫隨，當然也無不可。只不過這是特例或少數的案例，不能視為常態。

這些問題，我們認為只要詳細探索謙卦的道理之後，應該就能得到合理有效的解決。而謙卦的錯卦是履卦，綜卦為豫卦，我們也一併加以討論，發現和天良有十分密切的關係。實際上研討易理，目的即在啟發我們的天良，因為憑天良可以使我們不憂不懼。我們的下一本書，將是《生無憂而死無懼》，敬請期待，並且多多賜教為幸！

《附錄》

能履謙德自然豫

一、《易經》謙卦六爻皆吉

謙卦（䷎）艮下坤上，從象來看，即為「山在地下」。我們放眼望去，山都在地上。若不如此，怎能稱之為山呢？

幸好有了卦名「謙」，此乃聖人的智慧，使我們的想像，有了一個合理的界限，不致胡思亂想。一輩子有夢最美，卻老是睡不醒，又有什麼價值？想像力要盡量發揮，但是必須有目標，有方向，最好能先做出定位。

聖人把「山在地下」訂名為「謙」，經得起時間的考驗。幾千年來，多少人想加以改變，卻改變不了，因為根本無法取代。

有了「謙」的定位，我們逐漸體會到「山不可能在地下」。因為這樣一來，便不成為山了。然後再進一步深入探討：如果不是「山在地下」，又是什麼呢？原來是「地中有山」。還是一座山，卻躲到地底下去，讓人家看不出來。現代稱為低姿態、低調，其實就是謙恭禮讓、謙虛和平的心態。

現代科技發達，我們發明了強有力的推土機和挖土機，使我們更加敬佩聖人的高明智慧。推土機一來，能把整座山都推掉。挖土機一來，能將整座山都挖空。山只有躲到地底下去，使人無法察覺，就算真的要推要挖，也找不到著力處，不知從何下手。山再高聳，和大地比較起來，畢竟還是小的。山想躲，躲到哪裡？說起來，也只有大地才能容得了山。

我們常常覺得山很高大，相對地認為地很卑下。實際上在天地之間，只有地包得了山，而山卻包不了地。可見我們的看法和想法，往往不見得正確，卻不幸經常自以為是。

地比山大，並不是最大的。因為只有天能包地，地卻包不了天。很多人不服「天尊地卑」的道理，便是沒有注意到《易經》「扶陽抑陰」的用意。乾坤同等重要，憑什麼乾卦排在前面？天地同等重要，也同時並存，然而若是沒有天上的日月星辰，帶給大地光明，提供空氣和水，大地又有什麼用處呢？天容納大地，卻毫不言語，完全不自誇，也不居功。地包容山，也沒有自大的表現。山在地中，更是沉默不語，安靜地潛修。這種狀態，不就是謙的表現？

自然狀態，呈現大的容納小的。為人處世，是不是也應該謙和、容讓、互相敬重，不自誇自大呢？天、地、山都如此謙卑，人又怎麼可以例外？所以謙卦六爻皆吉，成為《易經》的核心。我們從卦象之中，很容易能看清楚、想明白。

二、謙卦錯履綜豫有定數

從數來看，地山謙卦（䷎）的錯卦是天澤履（䷉）。下澤上天，一切都是透明化，把人的所言所行，完全暴露無遺。我們常說「天知、地知、你知、我知」，又說「紙包不住火」，「若要人不知，除非己莫為」。現代科技發達，各種偵查、追蹤、攝影、紀錄儀器，完全是「天澤履」的現代化。想想天在上運行，澤在下流動，人在天下澤上之間，是不是上下通透，被照耀得無所遁形呢？「凡走過必留下痕跡」，我們怎麼能夠不履行諾言，不以禮待人呢？

履卦兌（ㄉㄨㄟˋ）下乾上，乾剛兌（ㄉㄨㄟˋ）順，象徵上剛下順。表現在人的態度上，便是內方外圓，謙恭和順。履卦的錯卦是謙，履謙兩卦互補，關係十分密切。

謙卦的綜卦，是雷地豫（䷏）。澤中有雷，若是衝不出來，只好隨著流水震動，以等待時機。倘若雷出地奮，那就不一樣了，雷聲振動，大地響應，充滿了安和喜樂。豫卦坤下震上，表示雷已出地，春雷帶來一片欣欣向榮的氣息。豫卦的綜卦是謙，大家為了表示對天地自然的感謝，當然要作樂崇德，配合敬天祭祖的典禮，來表現人的謙德。謙虛的人有福了，因為帶來喜樂，所以幸福。

謙卦和履卦以及豫卦的關係是必然的，稱為「定數」。按照《易經》的說法，定數是可以改變的，當然也可以不改變。至於改變或不改變，主導權在人自己。人想改變，數就可以變動；若是沒有改變的意願，數當然就不會改變。定數含有不一定的變動，「不一定」包含了「一定」和「不一定」，因而稱為定數。一般人按照字義的解釋，把定數說成「固定不變的數」，其實並不適宜。外國人習慣於「定就是定，不能不一定」，時常覺得中國人說話不算數，實際上只是認知不同，並非事實所在。

《易經》講求由象推理，再加上各卦爻有很多變化，也都有一定法則可以依循，這就是數的研究。《易經》所說的數，比西方人所說的數學、數字、數量，內涵要來得廣泛的多。

以謙卦的中爻來看，謙卦艮下坤上，中爻六二、九三、六四互成坎卦（☵），而九三、六四、六五則互成震卦（☳）。

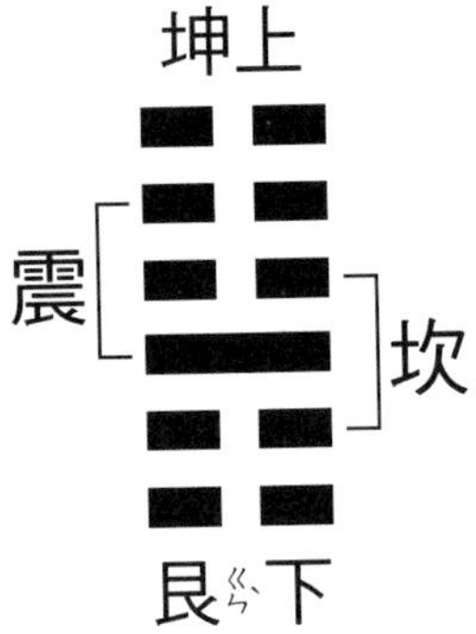

再和上下兩卦相互配合，可以產生五個互卦：

1 坤上和中爻坎，組成師卦（䷆），象徵為人師表，要具有謙德，才能領導學子走向中道。

2 坤上和中爻震，組成復卦（䷗），表示謙德良好，才能復興各種建設，恢復良好風氣。

3 中爻震和艮下，組成小過卦（䷽），象徵謙虛的人，即使有小過失，也會虛心補救。

4 中爻坎和艮下，組成蹇卦（䷦），表示就算謙德修養良好，也不能常犯小過失，以免讓自己陷入進退兩難的困境。

5 中爻震和坎，構成下坎上震的解卦（䷧），象徵謙德良好，即使進退兩難，也比較容易加以化解。

三、現代鼓勵競爭有違謙道

現代社會，認為競爭才能進步，組織內部更以績效考核，來激起內部成員爭強好勝之心，希望能比同儕表現得更好，甚至透過企業員工自我評鑑（Self-Appraisals），來爭取員工自己的權益。然而，吹噓自己而攻擊其他同仁的現象屢見不鮮，和我們從謙卦彖辭所說「天道虧盈而益謙」（天的法則是減損盈滿的而增益謙虛的）、「地道變盈而流謙」（地的法則是改變盈滿的而充實謙虛的）、「人道惡盈而好謙」（人的法則是憎惡盈滿的而喜歡謙虛的）的想法大相逕庭。這種不近人情的做法，合乎人性管理要求嗎？我們看到員工由於績效評估的結果，弄得內心不悅，無法跟同仁和諧相處，不願對組織盡力竭心，又有什麼樣的感想呢？

我們加入人群團體，最主要的目的，並不在逞能幹，而在於補不足。但是鼓勵競爭的績效評鑑結果，卻在錦上添花，並且落井下石，是不是促使員工同仁拚命逞能幹，卻難以補不足呢？「滿招損，謙受益」，難道在現代社會，真的不合乎時宜了嗎？

競爭的目的，無非在求發展。可惜我們忽略了謙卦的精神，才是真正能夠求發展的合理途徑。以下依循謙卦六爻的次序，逐一加以說明，提供大家思慮：

1 初六「謙謙」。初六以陰居陽位，提醒我們抱持「補不足」的心態，處處用心，虛心學習，促使自己順利成長，才是第一要務。凡事先順從上級的指導，有什麼意見，先以請教的方式，和其他同事多多交換心得，比較妥當。看看自己有沒有坤卦初六「履霜堅冰至」的警覺性？內心的謙卑，要在日常生活的言行舉止中表現出來，使人樂於指教，自己才會是最大的贏家。

2 六二「鳴謙」。六二以陰居陰位，又居下艮中爻，既中又正，表示「謙謙」的表現，獲得大家的欣賞。但是受到讚賞的時候，千萬不要自鳴得意。可見這裡所說的「鳴」，絕對不是「自鳴」，而是「他鳴」。他人發出讚賞的聲音，那是他們的事。我們最好把「自鳴」變成「自明」——自己明白只有堅持「謙謙」，才是正道。自己不過是「柔中」（六二以柔居中），並不是「剛中」（以陽居中，譬如九二或九五，才叫「剛中」），仍然需要保持柔順的身段，圓通而不圓滑，以便能夠順利走下去。

3 九三「勞謙」。做人的前半段，好比登山。一步一步往上爬。好不容易看到山頂將近，會不會一陣歡呼，認為接近終點，可以坐下來休息，以致功虧一簣呢？來到山頂，一方面要記住：大家都在看自己有什麼反應？一方面是自己更應該向遠處看，山外有山，一山更比一山高。往後要走的路，還長遠的很。於是更加謙虛，絲毫不敢發洩一下自己的滿足感，而且沒有壓抑、造假、虛偽的心態。

4 六四「撝謙」。先前初六、六二、九三，由於九三的目標明顯，相當於做人有個目標，多少帶有一點勉強，給自己一些壓力。經過九三的「勞謙」，有貢獻並不驕傲，有成效並不自誇，應該可以過著「有山卻似無山」的自在生活。謙虛不再是禮貌，既不做給別人看，也不做給自己看，而是自自然然，好像本來就是這樣。一路柔到底，而且不覺得有什麼不如意，豈不是「雖有才華，卻不以才華傲人」的美德？充分發揮謙德，及時提醒自己：六四只不過是起步，必須持續發揮自己的柔性。

5 六五「護謙」。六五居上坤中位，是柔中，有謙的美德，卻不以謙德自居。只認為自己是謙德的維護者，希望由於自己的重視謙德，能夠充分產生參考力，使眾人樂於參照實施，共同發揚謙德。倘若遇到不重視謙德的人，還要不惜假以顏色，使其由不服而服。富而好禮，貴而不驕，一旦成為領導者的風範，相信必能蔚為良好社會風氣。想想看：如果六五變成九五，是不是成為寸步難行的蹇卦（䷦）？所以依謙道看，謙的六五比九五更有成效。

6 上六「鳴謙」。六五維護謙道，多少還有一些保護自己的味道。現在已經過了老大的階段，來到全卦的頂端，成為謙道的大老，此時不鳴，更待何時？這時候「鳴謙」，並不是為了維護自己的權益、吹噓自己的謙德，反而是站在大眾的立場，宣揚謙道的可貴，當然可以放心地鳴了。不是自鳴得意，而是憑藉自己的聲望，來喚醒大家重視謙道。通常物極必反，來到上爻，不是高亢便是引起衝突，唯有謙卦上六，能夠放心地鳴謙，是不是很難得呢！

四、謙德不修後果實在堪慮

謙卦初六倘若變為初九，形成明夷卦（䷣）。表示光明沒入地中，一片黑暗，象徵一開始就不能謙虛禮讓，就算有能力、有抱負，恐怕也不會有光明的前途。

六二若是變為九二，就成為升卦（䷭）。表示剛直中正，如果獲得上級賞識和支援，可能會有很大的進展。假想自己身處明夷的情況，必須艱苦奮鬥，才能獲得上級的賞識。

九三變成六三，那就成為坤卦（䷁），表示擺脫謙卦下艮的自我限制，勞得不覺得有勞，有卓越貢獻，卻認為原本就應該如此，不就等於提早完成「艮謙」，進入「坤謙」的境界了！

六四倘若換成九四，就變成小過（䷽）。表示進入「坤謙」之後，有時難免犯小過錯，也不需要太難過。只要善補過，並且不再重犯，也就無損於謙德。人非聖賢，不必要求自己太高，以免喪失人性。

六五若是變成九五，豈不成了蹇卦（䷦）？如果自恃剛中，即使謙德再好，也可能會遭遇寸步難行的窘境。此時反身修德，應該是最有效的方式。自反、自覺，求賢相助，大多可以避免凶難。

上六變成上九，那就成為艮卦（䷳），表示坤謙修不好，只能退而求其次，做到「艮謙」了。若能因時而止，隨時而行，凡事配合時宜，就算不能「從心所欲而不踰矩」，應該也能夠「動靜咸宜」了。

謙卦艮下坤上，爻變所產生的各卦，綜合研究起來，至少有三個要點，分述如下，以供參考：

1 人有欲望，既不能也不必加以禁止，反而應該合理地求取滿足。只要態度謙虛、謙恭、謙讓，不必與他人競爭，但求自己天天都有一些進步。也就是表現得受大家歡迎，不惹人厭惡，才是謙道的真正發揮。一個人若是完全沒有表現，其實不夠資格說謙虛，乾脆承認無能，更加符合實情。

2 現實生活中，不可能不競爭，但是一定要憑良心，堅持公正的原則。別人怎麼樣？不關我們的事。不能由於大家都不擇手段，便同流合污。物以稀為貴，陽卦多陰而陰卦多陽，為什麼要向多數人看齊？「慎獨」，便是謹慎地選擇自己獨特的方式，不應該稍有受害就予以放棄。

3 自己「鳴謙」，難免自鳴得意，容易造成得意忘形的後果。獲得獎賞時，興奮歡呼，與人分享快樂的效果不大，反而容易促使對手更加發憤努力，最後反過來把自己打敗，豈不是更加可怕？若是能以自己的聲望，呼籲大家重視謙道，對於有失謙道的人，勇於提出嚴厲指責，必然會令人更為尊敬。

謙德重在實踐，履行謙道務須以柔克剛，謹言慎行。對於危急情況，必須高度警覺，預先防患。內心喜悅時，最好依循豫卦（䷏）的道理，建立良好的互動關係，彼此都樂於順應。實施獎懲時，必須態度良好，方式合情合理，並且適可而止，儘量減少不良的後遺症。

五、結語與建議

獎懲的目的，無非在激勵士氣，提高績效。但是所用的方法，通常都偏重外來的激勵，並不符合謙道的要求。獎賞的結果，經常造成「獲得的人並不感謝，未獲得的人心生不平」。表面上看起來，場面十分熱烈。而影響所及，則是嚴重地打擊士氣。

現代由於對人的不信任，往往不敢把獎懲的權力交付於人，反而相信制度。認為依據制度獎懲，比較容易服人，殊不知後果已經愈來愈惡劣：

1 獲得獎賞的人，認為自己依法應當獲得，對上級並不感激，有時還會埋怨沒有及時調整，使自己吃虧。就某種角度來看，制度化便是對人的不信任。部屬對上司不心生感激，一旦有了風吹草動，誰來多管閒事呢？

2 世界上根本沒有「公平」這回事，我們只能「公正」，實在很難「公平」。現代人喜歡把「公正、公平、公開」一口氣接連著說出來，實在是不用心的表現。泰卦（䷊）九三爻辭：「无平不陂。」「陂」的意思是不平，天下所有平的，其實都相當不平。海平面是弧形的，地球是圓的。主管說自己很公平，部屬聽在耳裡卻笑在心裡：明明不公平，為什麼不敢承認，還要再三強調公平呢？不如明說「只能公正很難公平」，大家還會安慰說：「已經很公平了！」

3 公開不公開，應該要以合理為度。一切公開化，對事情的研商、決定和執行，經常造成很大的困難。試問：一切透明化，研商時誰敢說真心話？還不是講一大堆冠冕堂皇的話，比較容易自保？決定時誰贊成誰反對，也是一目了然，叫人如何表態？執行時剛起步，便有人為了維護個人利益，而力圖阻礙。直到最後，才發現事情並非自己所想，是不是已經太遲了？

綜而言之，我們最好不要獎勵那些需要外來激勵的被動者，反而應該獎勵那些知道而又能夠自我激勵的主動者。把獎賞對象，放在能夠自我成長還能輔助他人的無私者。倘若如此，是不是不公開的效果，反而比公開要來得更宏大？

默默地輔助同仁，我們又私底下加以獎勵。使其在不惹人眼紅的情況下，更加自我激勵，並且熱心協助同仁。這樣的風氣，是不是更加符合謙道的要求？

關鍵在於「領導者對自己有沒有信心？」領導者信任自己，自然能夠信任幹部。在獎賞和懲罰雙方面，都能賦予幹部更大的裁量權，使其更具彈性地，激勵那些能夠自我激勵的同仁。組織中的大老，敢於「鳴謙」；老大用心維護謙道；幹部能夠發揮謙德的精神。上行下傚，謙道自然盛行。而自我激勵的風氣，也就逐漸形成了。

現代化的獎懲，有違謙道，屬於殺雞取卵式的激勵。改善之計，在於遵循謙道，改以自我激勵為重，才能夠可長可久，有助於永續經營。

一日易經班
6小時教你如何
讀懂《易經》
從古聖先賢的生活智慧中
學會：繼往開來、
知機應變、乾坤並濟、
與時俱進的道理
曾仕強教授精心籌劃
每月均有新班開課
陳祈廷 老師主講
曾仕強文化總編輯
曾仕強教授辦公室
電話：02-23611379
02-23612258
傳真：02-23319136

老子道德經的智慧

老子的《道德經》，短短五千餘字，談的都是人間行走的智慧。老子告訴我們：先把做人的基礎打好，未來的人生道路，就會比較易知易行了。在每個生命的轉彎處，何妨隨時安營紮寨，調整專注力，借用老子道法自然、復歸於樸的智慧，重新和天地間生生不息的能量相連結。

寓易理於生活中的易經課程

決策易

《易經》的〈繫辭傳〉告訴我們：「原始要終，以為質也」——這裡的「始」、「終」，探討的是時間。時間有「終點」跟「起點」，我們思考時要「由終到始」，做事時要「由始到終」。「由終到始」，是乾卦的智慧；而「由始到終」，則是坤卦的智慧。

「決策易」是用當代的觀點詮釋《易經》，課程深入淺出，能奠定穩固的易學基礎，
同時也會介紹如何自己占卦、解卦的基本原則，幫助您善用《易經》智慧，
解決現代人常見的問題，非常適合初入門以及想打好易學基本功的朋友。

生活易

在《易經》裡，經常會出現兩個字，一是「悔」，一是「吝」。人如果絕不認錯，那就叫「吝」，往往會由吝轉凶；而勇於改過，那就叫「悔」，經常能夠由悔生吉。當「吉、悔」常用時，「吝、凶」就可以減免，這就是《易經》關於「吉、凶、悔、吝」的不變法則。

「生活易」是從傳統易學當中，提煉抽取出最適合現代人效法學習，
可廣泛運用於日常生活中的易學精髓，能幫助我們善用前人智慧，
開創出「自天祐之，吉无不利」的愉快人生。

您絕對不能錯過的

國寶級大師與他的經典課程

中華文化的精髓，分別是由孔子與老子所承繼。孔子所走的，是主流的文化思想；而老子所走的，似乎是另一種路線，有如封地在外的諸侯，旁觀中央政權的起落，也像冷靜沉著的家臣，目睹政治世家的興衰，於是逐漸形成了一套獨特的政治思想與人生哲學。

雖然孔子和老子，是分別採用不同的方法，架構出儒家與道家的思維體系，但事實上，兩者的思想源頭皆是來自《易經》。老子以天道為主，用以貫穿人、地兩道；孔子則是以人道為中心，倡導下學地道、上達天道，同樣一以貫之。兩者一陰一陽、一剛一柔、一入世一出世，所謂儒道相濟，最能達到互補相通的效果。

曾仕強教授重量級課程

易經繫辭班

<繫辭傳>為<易傳>之一，分上、下傳，各有十二章，共四千多字，內容豐富，文辭優美，意境高深，從各個不同角度闡發《易經》的宗旨、特色、價值及應用，也有專章介紹占法，裡面還引述了許多孔子論易的見解，對現代人學習《易經》有極大的助益。

易經經文班

《易經》六十四卦，是將宇宙萬事萬物劃分成六十四種具代表性的情境。而經文的寫作，則是用極精簡的文字，把卦爻的時位，所面臨的一切情境，以及未來可能的發展，表達得淋漓盡致。當你卜到某一卦時，就知道自己正處於何種情境下，必須注意哪些事項。

影響華人世界
最重要的推手
曾仕強
教授
解讀
易經的奧祕
易經真的很容易
曾仕強
書籍洽詢專線
02-2361-1379、02-2361-2258
曾仕強教授辦公室

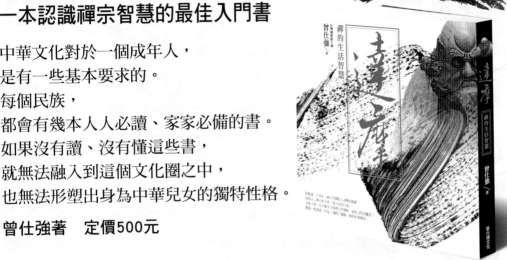

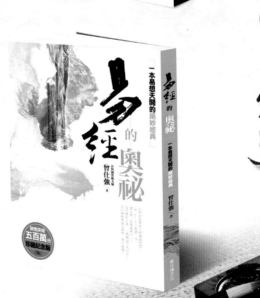

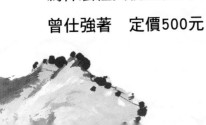

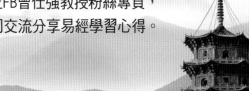

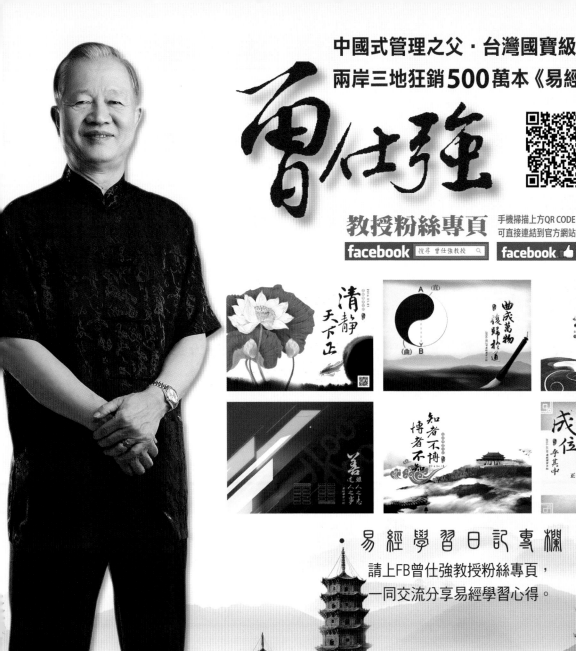

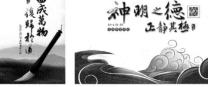

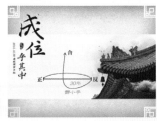